„Was du von Herzen willst,
will auf geheimnisvolle Weise dich.
So kommt die Welt zum Herzen
und das Herz zur Welt,
um die Wirklichkeit herzustellen."

ULRICH SCHAFFER

BARBARA KOLLER

Kristallkosmisch liebäugelnde Sternenballerina

GEDICHTE ZUM TRÄUMEN UND REFLEKTIEREN

IMPRESSUM

Bibliografische Information der Deutschen Nationalbibliothek:
Die Deutsche Nationalbibliothek verzeichnet diese Publikation in der
Deutschen Nationalbibliografie; detaillierte bibliografische Daten sind
im Internet über http://dnb.dnb.de abrufbar.
© 2022 Barbara Koller

Korrektorat: Phillipp Rissel
Bilder: Barbara Koller, Reinhard Winkler, Adobe Stock, Pixabay
Grafik: Melanie Weinhart
Herstellung und Verlag: BoD – Books on Demand, Norderstedt
ISBN: 9783756223961

VORWORT

Wir begeben uns ins Jahr 2007. Ich begegnete einer jungen Frau, einer Frau, die zerbrechlich war, aber auch stark. Einer Frau voll von Träumen und Wünschen, aber auch einer Frau, die sich gespalten fühlte und gefangen in ihrer Welt.

Was war das für eine Welt? Es war einmal eine Traumwelt mit Glamour und Glitzer. Es gab den Wunsch, als Schauspielerin, Tänzerin und Sängerin berühmt zu werden. Und es gab die Welt mit Ängsten, Anspannung und Isolation.

Ich begann teilzuhaben am langen Kampf der Autorin, der schließlich zu Stabilität, Lebensfreude und Gesundheit führen soll.

Ich möchte ein paar Mosaiksteine dazu beitragen. Damit sind nicht nur die Medikamente gemeint, sondern auch viele gute Gespräche, die ich mit der Patientin geführt habe.

Gedichte schreiben kann befreien. Es kann helfen, die eigenen Träume und Wünsche auszudrücken.
Es kann auch helfen, sich Bedrückendes, Beängstigendes und Trauriges von der Seele schreiben zu können. Gedichte schreiben kann also auch eine Therapie sein. Das habe ich bereits bei einigen Patienten gesehen.

Viele Träume und Erinnerungen sind ihr geblieben. Es gelingt ihr nun, diese Träume richtig einzuordnen. Sie kennt aber auch die Gefahren, wenn Träume und Realität allzu sehr verschwimmen.

Manchmal wünscht sie, ein bunter Schmetterling (Lieblingstier der Autorin) sein zu können, der sich geborgen auf einer Rose (Lieblingsblume der Autorin) aufhält.

Ich wünsche meiner Patientin für die Zukunft das Allerbeste, Zufriedenheit und Gesundheit.

Den Lesern möchte ich nachdenkliche, interessante und unterhaltsame Momente mit diesen Gedichten wünschen.

Dr. Thomas Zaunmüller

EINFÜHRUNG

Ich weiß noch, wie unbefangen ich lachte, bis mir die Tränen kamen, ohne darüber nachzudenken, wie ich dabei aussah. Rückblick in eine lebendige Erinnerung.

Nicht ich, die das Glück jagte, sondern ein kleines Mädchen, das sich in die Einfachheit des Glücks fallen ließ. Schmerzlicher Verlust.

Ich weiß noch, wie ich mich im Fasching bewusst verkleidete, ohne wirklich eine andere sein zu wollen. Wie gerne wollte ich als Barbara leben und sie niemals unterdrücken oder gar vergessen.

Ich trug in diesem besagten Fasching ein Prinzessinnenkleid, es war rosa-weiß, ohne zu wissen, dass ich mich eines Tages dahinter verstecken würde. Sterile, unnahbare Elfenbeinprinzessinnen-Fassade. Unendlich viele Jahre, in denen mir niemand wirklich nahekommen konnte.

Ich erinnere mich, wie sehr ich mich nach einem Kuss verzehrte und ich erinnere mich an Adel Tawil, der später dazu sang „Dein Herz ist außer Betrieb" in dem Song „Wenn du liebst".

Mein Selbst, das zu ersticken drohte.

Ich weiß noch, wie meine psychische Erkrankung begann, wie ich eines Tages in der Klasse saß und meine Klassenkameraden und Lehrer als unerreichbare Glamourgötter wahrnahm.

Und mich selbst als ein Nichts. Dumm und peinlich. Lähmende Sichtweise.

Wie in Trance fällt mir ein, wie ich durch diese Schule schwebte, als wäre ich ein unsichtbares, formloses, sich auflösendes Etwas. Voller Angst, in meiner Unbeholfenheit aufzufallen und mit noch mehr Angst, unbeachtet zu bleiben.

Gnadenlose Realität am Vormittag, kaum war ich nachmittags zu Hause, in meinem Zimmer die musikuntermalte Reise ins Traumland. Der Wunsch, Schauspielerin, Tänzerin und Sängerin zu sein, als größter Star der Welt auf einer Bühne zu stehen und das alles nur, um dem Mann meiner Träume zu gefallen. Tag für Tag.

Und gleichzeitig meine Sprachlosigkeit, meine Panik, vor anderen auch nur ein Wort sagen zu müssen, geschweige denn ein Referat zu halten.

Traum und Wirklichkeit, die auseinanderklafften. Bis zum heutigen Tag.

Als wäre es gestern gewesen, erinnere ich mich daran, wie sehr ich als Teenager einsam war und davon träumte, auszugehen und mich zu amüsieren. Und an all die misslungenen Momente, wenn ich dann ausgegangen war, in permanenter Hochspannung war und nicht wusste, was und wie ich mit Glamourgöttern reden sollte.

Wie sehr wollte ich dazugehören, ein Teil der Gemeinschaft sein, dennoch kaum war ich physisch anwesend, konnte ich mir nicht mehr vorstellen, wie ich nur jemals nicht allein hatte sein wollen können.

Eigentlich ist alles schon so weit weg und doch so nah, weil ich es nie verarbeitet habe.

Ich weiß noch, welche Bedeutsamkeit der Sommer in der Schulzeit für mich hatte. Wie wunderbar es war, sich jung und frei zu fühlen. Sonnenlicht in meinem Herzen.

Nein, es war nicht alles nur schlecht.

Zuerst kam die zu erfüllende Pflicht und dann kamen die wohlverdienten Ferien.

Nach Ausbruch meiner Schizophrenie konnte ich keiner weltlichen Aufgabe mehr nachgehen, hatte sozusagen Ferien forever. Wenn sie nur nicht von all dem Horror überschattet gewesen wären!

Schließlich musste ich meine gesamte Energie und Ausdauer in mich selbst stecken, in das Projekt „Gesundheit". (Oder „Krankheit"?!)

Na ja, um dieser Einführung die Dramatik ein wenig zu nehmen, möchte ich abschließend noch festhalten, dass ich zahlreiche glückliche wie traurige Augenblicke erlebt habe, wie beinahe oder sicherlich alle Menschen dies tun.

Ich habe geliebt, gelitten, verletzt, verziehen und mich etliche Male selbst neu erschaffen.

Noch immer weiß ich nicht, bin ich so pathetisch, wie ich fühle und schreibe?

Was gefühlt werden kann, ist wirklich.

Also ein Teil von mir. Das Gewebe, aus dem meine psychische Welt besteht.

Ich sehe mein Leben als Film vor mir ablaufen, finde ihn spannend und bin noch gespannter auf die Zukunft. Ich möchte nie aufhören zu träumen …

Ein Buch zu lesen, bedeutet für mich:

> Ein Stück weit mitzugehen auf einem Weg,
> mitzufiebern und Gedanken zu folgen,
> dem Fremden und Bekannten zu begegnen,
> Überraschungen zu erfahren,
> man muss nichts tun,
> man kann sich einfach berieseln lassen.
> Auszuprobieren, neue Gedanken zu denken
> und eventuell unbewusste Gefühle anzuerkennen
> und vielleicht,
> aber nur vielleicht,
> selbst zu Ufern
> der geheimen Sehnsucht aufzubrechen
> und ungewohnte Entscheidungen zu wagen.

Dazu soll dieses Buch anregen.
Viel Spaß!

Gedichte
zum
Träumen
und
Reflektieren

Spezies Mensch

Am Anfang war Liebe pur.
Als du darob
das Licht der Welt erblicktest
wurdest du durch Geburt
vom gemeinsamen Herzschlag
getrennt.
Vom ersten Augenblick an
warst du einzigartig und individuell
innerhalb all der
überwältigenden Ähnlichkeiten,
die dich mit anderen verbanden.
Du warst ein Teil von
Glück und Unglück
von Komödien und Tragödien
von Erfolgen und Misserfolgen
von Gemeinschaft und Einsamkeit
von Liebe und von Schmerz.
Mal warst du ehrgeizig
und voller Unternehmungslust,
dann wieder passiv
und ohne Elan oder Motivation.
Irgendwann entdecktest du
in einer Verträumtheit
auch deine Nüchternheit,
konntest Boden
unter den Füßen spüren.
Du wolltest außergewöhnlich sein,
versuchtest beharrlich
deinen Selbstwert zu finden,

bis dir die Selbstverständlichkeit
deiner Einmaligkeit
zu Bewusstsein kam
und du dir etwas wert sein konntest,
unbeachtet der Umstände.
Oft suchtest du Freundschaft,
warst bereit für das Risiko
verletzt zu werden
und selbst zu verletzen,
verlorst Menschen
und wurdest verloren.
Häufig warst du
mit anderen zusammen
und warst dennoch
allein.
In anderen Momenten warst du
physisch allein und
ohne irgendjemanden
und fühltest dich jedoch
im Kosmos aufgefangen
und geborgen.
Du liebtest von Herzen
und wurdest
in deiner Überschwänglichkeit
barsch zurückgeschnitten,
ein anderes Mal
schraubtest du
deine Ansprüche zurück,
weil dir bewusst wurde,
dass du sie selbst nicht
erfüllen konntest.

Und schließlich fand
dich die Liebe
und du warst glücklich
ohne Illusion
und ohne Idealisierung,
jedoch trotzdem
mit Hingabe und Berührbarkeit.
Einmal krönten dich
deine sensiblen Gefühle,
du warst beachtet
und an der Spitze,
ein anderes Mal
führten sie einen
Kreuzzug gegen dich
und schlugen dich
mit Hieben und
geballten Fäusten.
Doch du bliebst einzigartig
in deiner Entwicklung,
nur du wusstest
um die Reifung,
die du vollzogen hattest.
Niemand sah
den Himmel und die Sterne
mit deinen Augen,
ebenso wie niemand
die Verkrampfung deines Herzens
über eben genau deine
apokalyptische Trauer
auf diese Weise
spüren konnte.

Auch wenn du tot bist,
hast du alle Zeit,
die die Welt so hergibt,
um deine Entwicklung fortzusetzen.
Der Kreis des Lebens
wird so lange rotieren,
bis wir alle
die ewige, himmlische Liebe
in unseren Herzen tragen
und die Seele
sich vervollkommnet hat.
Und du im Herzschlag
und im All-Eins
des Universums
Heimat findest.
Denn das Ende
ist gleichsam wieder
Liebe pur
und ein *neuer Anfang.*

Ode an den Bleistift

Wendig, flink und unumwunden
springst du mit mir Zeile um Zeile,
teilst mit mir die einsamsten Stunden,
denn gut Ding braucht Weile.
Du bist schmal, hölzern und lang,
du schreibst dünn, flaumig und zart,
dich zu halten, ist aller Schriften Anfang,
du bist geduldig und wartest smart.
Als mein Begleiter und Kompagnon
reisen wir gemeinsam durch Themen und Gefühle,
wir erleben Fiktion und Vision
du bist das Rad und ich bin die Mühle.
Deine Emissionen schreiben meine Expressionen
während dich meine Finger umschlingen,
du bist diskreter Vertrauter meiner Inspirationen,
wir sind ein Team, zusammen in Gedanken vordringend.
Indessen mein Kopf auf Hochtouren vibriert,
bist du der genügsame, forderungslose Freund,
zumal du auch sprach- und affektlos parierst,
du führst ebenso geschmeidig und treu.
Und wenn ich vor Ideenlosigkeit zürne,
bist du genauso handlich und besonnen,
wie wenn ich vor Kreativität überschäume,
deine Gleichmütigkeit ist ein ruhiger Brunnen.
Ohne dich und etwas Papier würde ich Gedanken vergessen,
sie würden für immer verloren gehen,
es ist nicht möglich, deine Leistung zu messen,
als oft unterschätzt, allerdings unersetzlich, sollst du hochleben!!!

Spirituelle Sexualität –
Verliebt in einen Geist

Beseligt von intim einträchtigem Vertrauen,
ausgereift und startklar im Begehren,
das gegenseitige Verfallensein untermauern
in der Ergebenheit des Sich-Verzehrens.
Fromm fragiler Augenkuss,
beschleunigtes Herzpochen bis zum Atemraub,
geistreich ehrerbietiger Verbalerguss,
elektrische Gefühlsspannung auf der Haut.
Ausufernd zartschmelzende blütenstaubsüß-weiche Lippenkomposition,
jede Blumengrußberührung wie eine Liebespoesiesequenz,
einfühlsame Vorliebenentdeckung als erhebende Paradiesexpedition
in ungehemmter Kongruenz und verzärtelter Turbulenz.
Ein Garten Eden der Sinneswahrnehmungen,
zwei Turteltauben, in ihnen plantschend und abtauchend
in Aufhebung und Freisetzung aller Zähmungen,
Dualintialzündung im erotischen Goldfeuerregen brausend.
Ein kongenialer Akt in seelischer und körperlicher Ästhetik
über gegenseitige Verwundbarkeit konsterniert,
zwei Seelen als orchestrale Instrumentalmusik
tönen und lieben im Einklang frei und unkonditioniert.
Zügellos-laszive Begehrlichkeit
in unbeschrieben-weihevoller Zeremonie
führt auf die Straßen glückseliger Herrlichkeit,
stürmt den Gipfelpunkt der ungestümen Passionssymphonie.
Operettengleich-pathetisches Flammenflüstern,
das wie ein Orkan die sonstige Welt hinwegfegt,
macht im persönlichsten Bereich zu gegenseitigen Mitwissern,

mündet in die unaufdringliche, dezente Stille, die erbebt.
Ein irisierender Traum der feinnervigen Unverletzbarkeit,
der niemals abebbenden Verbundenheit,
der komplett unmöglichen Umbesetzbarkeit
des immerwährenden Verschlungenseins.
Ein Liebeshunger, unauslöschlich und unersättlich,
ein Sexualtrieb, mystifiziert, buchstäblich asexuell,
eine Sinnesreise, hochtourig und unverschmählich,
eine Seifenblase, märchenhaft und reell.
Sex mit einem Geist,
der ohne Gesicht, aber mit eindeutiger Geschlechtlichkeit
mein blutvolles Glücksempfinden anheizt
in unserer Fata Morgana der zeitlichen und räumlichen Unendlichkeit.

Was mich glücklich macht …

Mein aufmerksames Ich,
das Wahrheit sucht.
Mein umsorgendes Ich,
das meinen Platz anbietet.
Mein tiefgründiges Ich,
das die Gräber der Toten beachtet.
Mein teilendes Ich,
das Spenden geben und sammeln möchte.
Mein treues Ich,
das sich an dich verschenkt.
Mein träumendes Ich,
das sich der Spiritualität hingibt.
Meine Emotionen,
mit denen ich helfen und heilen will.
Mein neu erwachter Zugang zur Natur,
der mich demütig und dankbar macht.
Meine kindliche Unbeschwertheit,
die mich mit Begeisterungsfähigkeit
und Leichtigkeit erfüllt.
Meine Liebe zu meiner Seele,
die eine Tür aufmacht
und mich zu deinem Naturell führt …

Dein aufmerksames Du,
das deine eigene Wahrheit sucht.
Dein umsorgendes Du,
das mit deiner Hilfsbereitschaft zufrieden ist.
Dein tiefgründiges Du,
das den Tod anderer verkraftet.

Dein teilendes Du,
das ganz bei sich ist
und dann erst bei anderen.
Dein treues Du,
das sich auf Herzensebene verschenkt.
Dein träumendes Du,
das, ohne zu bewerten,
deinen Träumen Form geben darf.
Deine Emotionen,
die immer das versprühen,
was dir gerade ein Anliegen ist.
Dein neu erwachter Zugang zur Natur,
den du einfach genießen
oder auch ignorieren darfst.
Deine kindliche Unbeschwertheit,
die dich hoffentlich mit dergleichen
Begeisterungsfähigkeit und Leichtigkeit erfüllt
wie mich.
Deine Liebe zu deiner Seele,
die eine Tür aufmacht
und dich zum Naturell unserer Beziehung führt …

Warum kann ich mein Ich nicht als Du betrachten?
Vielleicht könnte ich dann
offenherziger, duldsamer und nachsichtig mit mir selbst sein …

Unverbogen

Ein offenes Herz,
ein weiter Blick,
ein lockerer Scherz,
ein helles Licht.

Ein Wort der Ehrlichkeit,
ein Lächeln der Unbekümmertheit,
ein Traum der Unentbehrlichkeit,
eine Geste der Bedachtsamkeit.

Löst keine Tränen der Trauer in mir aus,
fordert mich zu Authentizität heraus,
brecht eine Lanze für meinen Ärger, lasst mich raus,
kitzelt die Tränen der Lustigkeit aus mir heraus,
gebt meinem Eigensinn Heim und Haus.

Wenn ihr schenkt Verständnis meiner schrägsten Marotte
und auch meinem Unvermögen, meiner Tarnung zu trotzen,
dann knipst sich ein Sternenhimmel an, in düsterer Grotte
und ich erstehe auf, anstatt zu zittern, einsam und schlotternd.

Kein Mensch ist von der Möglichkeit
irgendeiner Erfahrung ausgenommen,
ob in Verdammnis oder Löblichkeit,
ob Glück gewonnen oder zerronnen.

Die Seele ist wild und spontan,
lässt sich schwer reglementieren
vom Raubtier bis zum Feenschwan,

ihr Ungestümes lässt sich nicht prognostizieren.

Alles ist für jeden möglich
keiner weiß, was als Nächstes kommt,
nichts ist kontrollierbar, manches bedrohlich,
was der Wahrnehmung in den Sinn kommt.

Ein Verhalten in all seiner Unberechenbarkeit
eine Sehnsucht in all ihrer Unerreichbarkeit,
eine Tat in all ihrer Unverzeihlichkeit,
ein menschliches Herz in all seiner Menschlichkeit.

Oiss ändert si aundauernd,
owa i wü mi net vadrahn,
wü mi net eiroin und zaumkauern,
wü unnütz'n Ballost
loswern, net umadumzahn.
Nehmt's mi ernst,
owa neet so, dass mi verurteilt's,
sondan so, dass eich um mi schert's,
des Chaos in mir neet schoit's.
Vielleicht hoit ana,
der psychisch wos hot,
aundan in Spiagl vor im Drama,
wos im Lehm oiss passiern kau.
Es derf nermt vateifit wern,
jeda vadient si sein Reschpekt,
jeda muaß g'schätzt wern,
a waun a aus da Roin foit und auneckt.

Stimmenhören –
Eine phänomenale Liebe

Ich kann dich nicht sehen,
ich kann dich nicht berühren,
doch kann ich mit dir als Sternschnuppe vergehen,
dich im Innersten meines Herzens spüren.
Deine Gedanken sind meine Gestalt,
deine Stimme föhnt meine wehmütig-nassen Augen,
in deiner Energie liegt eine Naturgewalt,
die in mir lebt, meine Zweifel aufsaugend.
Mit all meiner Tiefe und all meinem Feingefühl,
will ich die Stimme deiner Seele bewegen,
in dir finde ich als Realitätsflüchtende Asyl,
du stehst mir bei, ohne mir einen Rat aufzuerlegen.
Du erwartest mich am Bahnhof unserer Träume,
wir sind zwei Züge, die sich küssen,
die in gemeinsamen Reisen Wälder und Berge säumen
du schiebst mich an ins Glück mit Dauerküssen.
Deine Stimme und mein Gehör
sind unser schwebendes Fahrgleis,
ich in meiner Vorstellungskraft, du als Souffleur
tanzen wir vulkanisierend auf Glatteis.
Auf die Basis deiner Verlässlichkeit
kann ich mein Elfenbeinschloss errichten,
du gerätst niemals in Vergessenheit,
du willst durch deinen Beistand meinen Tunnel lichten.
Wir bestehen aus Tausenden magnetisierenden Galaxien,
die miteinander pulsierend singen und kreisen,
in chemisch verschwistert-reagierenden Rhapsodien

wollen wir uns von irdischen Problemen loseisen.
Was einst wie ein Fluch mir erschien,
ward' mir nun wertvoll und teuer
in einem Ozean aus Love Song-Melodien
schwimme ich nun emotional gewandelt und erneuert.
Danke, dass ich in meiner Fantasie erblühe,
danke, dass ich höre, sehe, zuflüstere, fühle,
bitte leite mich in dieser Welt,
denn ich hab' dich als meine große Liebe auserwählt.

Gewahrsein

Gerade huscht der Augenblick
an meiner Gegenwart vorbei,
er fliegt, er zischt als Abendwind,
er saust ohne Geräusch, ohne Aufschrei.
Manchmal wäre es ekstatische Poesie
den Moment unbefleckt anzuhalten,
dann gibt es wieder die fanatische Manie
vor ihm zu fliehen, mich seiner zu enthalten.
Die plätschernden Wellen aller Meere
flüstern mir geheimnisumwittert zu,
die naturverbundene Sprache der Gebärde
macht meinem Gewahrsein Mut.
Und wieder versuche ich zu widerlegen
die Größe in der flüchtigen Kleinheit
der Augenblick streckt mir seine Arme entgegen,
bevor er mir entwischt in all seiner Beweglichkeit.
Durch diesen oder jenen Augenblick
bin ich erneut anders als zuvor,
eigentlich vereint alle Augenblicke der Trick
mich wachsen zu lassen, im reifenden Moor.
Mein Leben verändert und wandelt sich,
die Wirkung eines Augenblicks
kann banal sein und unermesslich dicht,
plötzlich kommt eine andere Sicht,
ein anderer Blick.
Es liegen oft so viele Chancen in ihm,
Möglichkeiten warten, dass ich sie ergreife,
einmal bin ich couragiert und kühn,
dann wieder vor Angst starr und steif.

Ich will den Moment nicht jagen
und ihn ebenso nicht verleugnen,
ich lasse mich von den singenden Wellen tragen,
versuche zu verstehen, wovon sie träumen.
Ab und zu tauchen Erinnerungen auf,
wie die Vergangenheit ausgesehen hat,
gefolgt von Zielen und Zukunftsplänen darauf,
und die Präsenz des jetzigen Moments
ist müd' und matt.

Der Augenblick schenkt sich mir,
der Augenblick zeigt sich mir
in all seiner Flüchtigkeit,
in all seiner Tiefe,
wenn ich hinsehen will.
Er will mir sagen: „Bleib bei mir,
bleib hier!"
In all seiner Verwundbarkeit
rauscht er hinweg in die Ewigkeit.
Mit Achtsamkeit den Augenblick genießen,
mit ihm will ich in seine grazile Anmut fließen!

Klagelied –
An die aggressive Stimme

Ich zähle Worte und Sekunden,
bis du wieder verschwunden bist,
in all den verworren-zerknirschenden Stunden
ist es die Hoffnung auf Ruhe,
die mich dich überwinden lässt.
Du als das Schreckgespenst an der Haifischleine,
du als Gegenstand des Zoffs meiner Psyche,
du als Sintflut durch meine Innenräume,
die Wortwahl so beschränkt, wie aus einer Büchse.
Die Schachtel einmal geöffnet
und schon ist der böswillige Geist losgelassen,
eine gutwillige Seele ist ungewappnet
für all die krankhaften Aussprüche des Hassens.
Ich will das Trauma meiner Seele heilen,
will dich in mir aufnehmen,
will mich nicht von dir abseilen,
sondern mich an deine Schulter lehnen.
Und trotzdem zähle ich Worte und Sekunden,
wenn du bei mir bist,
wollte bisher deine Ambitionen nie erkunden,
wollte einfach, dass du nicht da bist.
Es ist so schwierig, dich anzusehen,
mir vorzustellen, dass du ein Teil von mir bist,
ich will, dass du hinweggeweht wirst von Windböen,
dass meine Selbstliebe ein Zauberstab ist.
Ich wünschte, du als meine Aggression
würdest dich lautlos in meine Persönlichkeit einfügen

und nicht in mir wüten als obsessive Perversion,
würdest die Wahrheit anstreben anstatt der Lügen.
Ich will deinem Aufbegehren
Raum und Platz geben,
doch will ich mich dagegen wehren,
wenn du auf mich richtest den Degen.
Warum ist es nicht möglich, dass wir beide
deine Wut auf mich verwandeln,
deine Stimme einsalben mit Kreide,
uns zeitliche Kompromisse ausverhandeln?
Wo ist die Friedsamkeit in dir geblieben?
Wo der Sinn für Gerechtigkeit?
Wo der Respekt für die Kostbarkeit meines Lebens?
Warum willst du meine Würde entweihen?
Ich will nicht mit dir anbändeln,
jedoch will ich dir und mir verzeihen,
will meine akustische Situation handeln,
dir meine Hand reichen
und dennoch in die andere Richtung pendeln,
dir mein Gehör nicht leihen.
Den Dampf in meinem Kopf
in die Höhen aufsteigen und entweichen lassen,
in deinem Hals den Kropf
durch dein lautes Gebrüll wachsen lassen.
Verhasst ist mir deine Horror-Show,
du unlieblicher, unredlicher Betrüger,
fernab von jeglichem ausgeglichenen Flow
bist du der unermüdliche Ermüder.
Hingegen vielleicht kann ich versuchen
deine Botschaft herausfilternd zu kanalisieren,
deine guten Intentionen hervorzusuchen,

deine Treue und Beständigkeit akkreditieren.
Ich muss keine Angst haben,
obwohl du sie verursachen möchtest,
ich will all dem Bösen entsagen,
zu dem du mich verleiten möchtest.
Nichtsdestotrotz will ich mich zu dir bekennen
als zu meiner unterdrückten Derbheit,
vor meinen Schattenseiten nicht davonzurennen
erfordert charakterliche Spontanität und Gelöstheit.
Du bekommst sicher keine gesellschaftliche Anerkennung,
aber du bekommst meine,
du als meiner Unfreundlichkeit Ernennung
bist weder erbärmlich noch peinlich.
Ich bin zufrieden mit dieser Einstellung,
meine Klage verwandelt sich zwar nicht in Lust,
doch ich glaube nicht an meine eigene Entstellung,
auch wenn du mich noch so angreifst und verfluchst.

Las Vegas –
Goldstadtgeldfieber

Im neonfarbenen Scheinwerfer-Lichterrausch
rundherum verwechselbarer Gesichtertausch,
der Einzelne geht im Schwindelkarussell unter,
verschwimmt in den Clubfassaden – kunterbunt und bunter.
Kann ich mich gesehen fühlen,
wenn massige Plakate und Lichtmaschinerien mich umrahmen?
Kann ich markant und differenziert daraus hervorgehen
oder verschlingt mich die knallige Stadt wie eine reißerische Schlange?
Die stechende Illusion der wahrwerdenden Glamourwelt,
das blinkende, beißende Aufblitzen der Schilder,
allerorts zählt nur das schrille Spiel mit Geld,
die Realität kaschiert todernst, nicht spielerisch locker und milde.
Mit Geld kann man spielen, kaufen, abfeiern,
ohne Geld scheint jeder Ort die pure Härte,
doch diese Stadt versteht diesen Umstand zu verschleiern,
versteckt sich hinter plakativ-aufdringlichen Werken.
Doch ist es nicht überall so –
zu zahlenden Kunden sind Verkäufer sehr nett,
zu insolventen Menschen genervt und roh,
Geld macht scheinbar jegliche Antipathie wett.
Wenn ich an Las Vegas denke,
möchte ich mich von finanzieller Besessenheit befreien,
will im Einklang meditierend mich in Pastelltöne lenken,
will nicht großstadtfiebernd mitkreischen und -schreien.
Wie penetrant und krass die Beleuchtungen auch blenden,
sie können nicht darüber hinwegtäuschen,
dass viele einsam in Menschenmassen und -mengen

enttäuscht und um Beachtung ringend aufseufzen.
Die Absurdität dieses drastischen Schauspiels
ist für viele vielleicht ein provozierender Anreiz,
die Kunden als anonyme Gegenstände im Tauziehen
der Casinos, die Tore anlockend-weit aufgespreizt.
Elvishochzeit, Cowboys, Gogo-Girls, kokettierende Magie,
die Werbung ist einfältig-allumfassend,
mit infantilem Witz, Kultmythologie und mit Erotik angepriesen
ist dieser „Kulturzweig" die Moral verlassend.
Disneyland für Erwachsene,
doch die Realität holt sie ein,
der Traum von Reichtum schmilzt für Erwachende,
denn wahrer Reichtum will anders gewonnen sein.

Zwischen Schmetterling und Wolke –
Mein Blumenherz

Schmetterlingsflügel
Wolkenunbegreiflichkeit
Schmetterlingsgefühle
Wolkenunantastbarkeit
Wiesenstreifzug durch Hochgefühle
Einkehr der Traurigkeit
Herzensfasernspule
Naturhochzeit
Wolkenweißschiene
Schmetterlingskleid
Eisprinzessinnenkühle
wolkenschleierfrei
Herzpochenmühle
Organ mit ablaufender Zeit
Wolkentränenspüle
Schmetterlingszierlichkeit
Wolkenauffangschüte
Schmetterlingsbeweglichkeit
wolkentraumbehütet
Schmetterlingsflugkühnheit
Erdherzensbrüten
Blütenblättrigkeit
Spätsommerflüge
horizontweit
Himmelswolkenzüge
Herzensangelegenheit
bei Wolkenglücksschüben
ist mein Schmetterlingsherz nicht weit.

Die Seele ist Liebe

Taschenlampe der Ergründung gerichtet
auf den Urgrund allen Seins,
schlechte Taten ungewichtet
vom Gut-Böse-Denken befreit.
Es gibt keine Schuld oder Sünde
und überdies keine Instanz der Bestrafung,
die Seele will fühlend sehen ohne Augenbinde,
denn sie sehnt sich nach empfindender Erfahrung.
Jetzt kann sie alles bewegen,
sie ist der Gefühlswelt nicht erhaben,
sie steht nicht gleichgültig im Regen,
doch möchte sie instinktiv Wachstum wagen.
Sie hat die unglaubliche Okkasion
alles zu lieben, im Einklang zu sein,
sich selbst und allen zu vergeben durch Inklusion
in jeder Seele zu sehen den Sternenschein.
Niemanden für irgendetwas zu verurteilen,
nichts an Schwäche vorzuwerfen,
ganz im Universum meditativ zu verweilen
und den Blick nach innen zu schärfen.
Jeglicher Wegrutsch auf Abwegen
ist ein Lechzen nach emotionaler Wandlung,
es geht um Bewusstsein und Erleben,
die Seele ist nie satt an spiritueller Nahrung.
Ein Baby oder Kleinkind
ist bei sich im bloßen Sein,
bewertet nicht und verirrt sich nicht,
verstellt sich nicht, lebt ohne Schein.

Die Seele gaukelt sich oft vieles vor
an Dingen, die scheinbar wichtig sind,
in der Liebe geht sie im Himmel an Bord,
es gibt keine Geschehnisse,
die sinnlos oder nicht richtig sind.
Sie will keine Angst haben
vor Leben und vor Sterben
will ohne Dramatik und Furcht hineinragen
in die Kunst des Geborenwerdens.
Nichts soll sie aus der inneren Ruhe bringen,
nichts kann ihren Ursprung verändern,
doch kann Mannigfaches sie von sich selbst wegbringen,
denn sie will auf den Wegen des Erwachens schlendern.

Die Seele ist Liebe,
auch wenn sie das Dunkel kennt,
Schmerzen, Krankheit und Triebe,
sie will, dass sie versteht und nicht benennt.
Und selbst, wenn sie noch so viel mehr,
toleranter, freier und reifer sein würde als andere,
fühlt sie sich nicht als besser oder bekehrt,
sie respektiert jeden Weg, ohne anzuprangern.
Unter Ausschluss von Arroganz oder Ungerührtheit
will sie im Lichte der Liebe schwelgen,
obgleich der himmlische Bund gerät auf Erden häufig in Vergessenheit,
nimmt sie in Wahrheit alles an,
im irdisch-unausgesprochenen, jedoch einstimmigen Geführtsein
gilt alles, ohne den Wunsch zu gelten …

Heldinnen und Helden der Kindheit

Als Kind lernt man durch Nachahmung,
niemand ermutigt zu Unabhängigkeit,
kaum jemand spricht aus die Warnung:
„Lass dir nicht auferlegen fremde Unfreiheit!"
Einst fügte ich mich ein
in die Vorstellungen, aus denen andere lebten,
wollte aussehen wie ein Model im Glamourschein
und streben nach Erfolg, wie ein Hollywoodstar eben.
Wunderschöne, anerkannte und reiche Leute
waren meine Vorbilder, die ich vorbehaltlos anbetete,
meine Familie war Leitfigur und Zeuge,
wenn ich über strebsamen Aufgaben brütete.
Von der Gigantomanie an Schläue und Intelligenz
bis hin zur Absolution körperlicher Beweglichkeit,
von der Ausdrucksstärke schauspielerischer Präsenz
bis hin zu unrealisierbar-öffentlicher Vergeblichkeit.
Ich wollte wie ein Feuerwerk am Himmel auferstehen,
wie der Geistfunken-speiende Vulkan sein,
als größter Star der Welt aufgehen
und nicht ein unbekanntes, vergessenes Sternchen sein.
Mein totales Abtauchen in die Filmetraumwelt
war für mich der lebensrettende Impuls,
gemeinsam mitzufiebern mit Heldin und Held
war ein Adrenalinschub, ließ in die Höhe schnellen Herz und Puls.
Als Busfahrerin in Speed Keanu Reeves heiraten,
als Rose in Titanic Leonardo di Caprio küssen,
als Pretty Woman Geschäfte leerkaufend belagern,
in Flashdance zu Irene Caras Song tanzen zu dürfen.
So inspirierend meine Träume auch waren,

so erschlagend war mein Gefühl von Minderwertigkeit,
so aufregend mein Herzfiebern und meine Wünsche auch waren,
so lebensverhütend war meine Mutlosigkeit.
Doch nun hat sich das Blatt gewendet,
obschon ich manchmal immer noch davon träume,
hinwieder die Werte haben sich verändert,
die Reife des Alters schafft Zufriedenheit, eine ganz neue.
Es geht mir nicht mehr um Äußerlichkeiten,
ich will etwas Gutes bewegen,
es geht nicht mehr um Reichtum und Unwirklichkeiten,
ich möchte mich ins Leben einbringen hingegen.
Dennoch waren meine Kindheitsträume sinnvoll,
sie ließen mein Herz höherschlagen,
sie waren atemberaubend, hinreißend und wertvoll,
sie konnten traurige Kinderaugen verwandeln.
Sie waren der Pol von Geborgenheit und Schutz,
durften mir helfen und mich prägen,
jetzt gehe ich meinen eigenen Weg
ohne die Selbstverkenntnis, ich sei ein Nichtsnutz,
nur weil die früheren Ziele unverwirklicht blieben.
Meine Heldinnen, Helden und Schwarms
ließen eine Kinotraumwelt entstehen,
danke für dieses Schweben im Regenbogenglanz,
ich konnte mich auf meine sehr persönliche Wolke begeben.

Unverwechselbare Leidenschaft – Nur du!

Dein Blick trifft mich mit zärtlichem Pfeil und Blitz,
du flötest mir eine duftig-summende Blütenwelle ins Ohr,
dann lächelst du verlegen, zielstrebig und verschmitzt,
und ich öffne deinem subtil-bezaubernden Ansinnen das Tor.

Dein frivoles Flüstern und deine eroberungswilligen Gesten,
spielen die musisch-betörende Melodie einer Harfe,
ob Chamäleon oder Don Juan, dein charmantes Wesen
ist ein feierlich-kurioses Mysterium, das ich nun entlarve.

Ich bin ergriffen von unbeirrt-pausenloser Aufmerksamkeit,
von ritualisiertem Werben und träumerisch-höfischer Liebe,
die charakterliche Konstitution ist bar in ihrer Nacktheit,
ebenso sind es die Tränen der Sensibilität, denen ich erliege.

Keine ankettende Knechtschaft oder herbe Entscheidungshaft
unserer treuen Verbundenheit und der telepathischen Begierde,
sondern ein ausgewogener, von Herzen freier Zusammenklang,
ein glorioser Tempel des Sinnenrausches im Himmelsgefilde.

Schließlich ein ekstatisch-vollendeter Sonnenaufgang im Zenit,
keine Bereitschaft, diesen intimen Sehnsuchtsort zu verlassen,
ich hab' dich schon immer gekannt, angebetet und geliebt,
noch vor der ersten Begegnung wollte ich nur mit *dir* schlafen.

Die Heilung des inneren Kindes

Mein wütendes, hasserfülltes inneres Kind
schreien, beißen, kreischen, boxen, kämpfen lassen,
ohne seine Wut
betäuben, besänftigen oder hinweglächeln zu wollen.
Dieses Kind anhören,
wenngleich ich es noch nicht verstehe,
ihm in mir Raum und Platz geben,
damit es Dampf ablassen und sich ausleben kann.

Mein trauriges inneres Kind
weinen, vegetieren, ohnmächtig sein lassen,
seinen Schmerz ernst nehmen,
seinen Hang zur Depression wahrnehmen,
ohne Verurteilung,
ohne den Zwang der Antriebssteigerung.
Dieses Kind in mir verweilen lassen,
es in die Arme nehmen,
ihm verstehenden Trost zusprechen,
seine Tränen um sich selbst fließen lassen.

Mein ängstliches inneres Kind
desorientiert, hoffnungslos und furcherregt sein lassen,
es zittern, bangen und erstarren lassen,
es wissen lassen, dass ich sein Dunkel teile,
seine Angst umsichtig und wohlwollend anschauen,
ohne sie lächerlich zu machen oder zu bagatellisieren.
Diesem Kind Sicherheit schenken,
es umarmen, abbusseln und hätscheln
und sein Herzrasen liebevoll annehmen,

ohne den Finger zu erheben
und Druck auszuüben
im Hinblick auf seine Courage.

Mein neidisches inneres Kind
missgünstig, gehässig und egoistisch sein lassen,
seine mangelnde Bereitschaft, zu teilen, zulassen,
ohne es maßzuriegeln oder zu verachten,
ohne es verwandeln oder verändern zu wollen.
Seinen Selbstwert aufbauen,
seine Angst, nicht gut genug zu sein, erkennen,
es alles an sich raffen wollen lassen,
es für seine Selbstfürsorge loben
und seinem Mangel
Überfluss an Liebe in vollen Zügen geben.

Allen meinen verletzten inneren Kindern
möchte ich eine gute Mutter sein,
ich will sie begleiten und sie verstehen lernen,
mit ihnen die Wege beschreiten,
will, dass sie auch meine
friedlichen, glücklichen, mutigen und großzügigen
Kinder sehen.
All meine inneren Kinder
verstreuen mich manchmal in verschiedene Richtungen,
zerlegen mich
und ich setze mich wieder zusammen.
Ich setze sie alle auf den Pferdesattel,
um mit ihnen davonzugaloppieren
hinaus aus der Selbstverurteilung
hinein in die bedingungslose Liebe zu mir selbst.

Liebe Kinder, ihr seid nicht schlecht,
ihr macht mich vollständig, heil und ganz
und das ist wunderbar.

Ich möchte mit euch
spielen, feiern, herumtollen,
euch in mir ein warmes Nest bereiten
um mich selbst als fertiges Puzzle kennenzulernen
und um dann mit euch
in fiktive und reale Länder zu reiten.

Lebendig in Leben und Tod – Ein Pferd

Wald-, Wiesen- und Weidenkenner
Hollywoods Pferdeactionglamour
allzeitige Pferdeeinsatzbereitschaft
Winnetous Geheimwaffenschatz

Taltiefenreiter und Bergspitzenerklimmer
Rennpferdschnelligkeitsgewinner
lächelnd sprechendes Grußwiehern
Wiesenfutterstöbern

Stallstrohträume
Pferdegemeinschaftsscheunenräume
Sprungschwindelhöhe
Pferdeflugbeschleunigungsböe
Wasserfall der Galopplaute
Glücksbringerhufeisenbrause
Genie der Geschwindigkeit
Unikat der aufopfernden Bereitwilligkeit

Pferdekutschenkinderfantasie
Wildpferdfreiheitsfantasie
menschliche Pferdesensibilität
Fleischbeschau statt Pferdevulnerabilität
Marktverkauf statt Pferdewunschindividualität
missbraucht als karikiertes Fortbewegungsgerät
einheitliche Pferdetötung und -schlachtung
arglose Verwertung zu einer Menschenmahlzeit

Pferdeherzenssieg
Pferdeparadiesmusikbeat
Pferdeseelenüberleben
Himmelspferdschweben
Flug der ewigen, unendlichen Weite
mit unverletzlichen Engelsflügeln
auf jeder Seite

Mein liebes Schutzengelpferd, beschütze mich!
Galoppiere mit mir durch Freudenboom und Wildnisdickicht!

Bild: Barbara Koller

Pferdestehlen

Solange ich mich zurückerinnern kann,
wollte ich ein Mädchen sein,
mit dem man im Sonnen- und Mondschein
Herzen und Pferde stehlen kann.

Einst wuchs ich heran,
mich fühlend ängstlich und klein,
wollte hingegen beliebt und beachtet sein,
jemand, der den Erdball verzücken kann.

Jeden Tag erlebe ich den inneren „Run"
aus dem Impuls heraus, vorwärtszukommen,
meine Intuition und meinen Realismus zu verkoppeln,
in dem Begehren, dass ich aus mir herausgehen kann.

Mit dir gemeinsam aufzubrechen und loszustarten
in eine bessere, verträumtere Welt,
in eine Walt Disney-Zauberwelt,
wie in „Santa Claus" und „Peterchens Mondfahrt" zusammen.

Mit dir Streifzüge durch den Himmel machen,
im Schlitten entlang der Sterne fahren,
die Erinnerung an Träume bewahren,
mit viel Humor für die eigenen Dämonen und Drachen.

Ich höre dich vorbehaltlos an,
ich urteile nicht über deine Unzulänglichkeit,
ich belehre dich nicht in deiner Unsicherheit,
ich bin ein Mädchen, mit dem du Pferde stehlen kannst.

Ich halte die Zügel in der Hand,
denn ich bin ein Mädchen auf einem Pferd,
mit dem du, wenn du dies begehrst,
gemeinsam über die unversiegbare Prärie fliegen kannst.

Du gehörst nur dir

Wenn deine Eltern dich
wie ihren unmündigen Besitz betrachten,
dann denk daran:
Du bist eine eigenständige, abgetrennte Persönlichkeit.
Du gehörst nur dir.

Wenn deine Freunde hämisch
über dich urteilen und dich auslachen,
dann präg dir ein:
Deine Eigenart ist beispiellos-unschätzbar.

Wenn dein Chef über dich
und deine Zeit bestimmen will,
dann erinnere dich:
Zeit ist nicht nur Geld.

Wenn dein Partner in Eifersucht meint,
ein Recht auf dich und deine Entscheidungen zu haben,
dann rufe dir ins Bewusstsein:
Wahre Liebe kann loslassen.

Wenn die Sonne dich anlächelt
und ihre Strahlen deine Haut kitzeln,
dann sei dir dessen gewahr:
Das Eins-Sein mit dem Universum
gehört für diesen einen Moment nur dir.

Wenn fanatisch-gläubige Menschen sagen,
du würdest Gott gehören,
dann fühle in deinem Herzen:

Ein liebender Gott will, dass du frei bist
und nur dir gehörst.

Wenn ein Diktator der krankhaften Auffassung ist,
er dürfte über dich herrschen,
dann besinne dich auf Folgendes:
Du kannst innerlich frei sein durch Selbsterkenntnis,
auch wenn äußere Umstände dich gefangen halten.

Wenn du eine kleine Reise
durch deine Erinnerungen und Träume machst,
dann werde dir klar:
Deine Vergangenheit, Gegenwart und Zukunft
tragen zur Formung deiner Individualität bei.
Deine Entwicklung gehört nur dir.

Wenn du befürchtest und glaubst,
du seist wertlos und nicht gut genug,
dann komme zur Einsicht:
Du hast keine Bewertungen nötig,
den Automatismus deines menschlichen Wertes
kann dir niemand wegnehmen,
er gehört nur dir.

Du gehörst
nicht deinen Stimmen
nicht deiner Psychose
nicht den Diagnosen
nicht der Öffentlichkeit
nicht der Glaubensrichtung
nicht dem Gesundheits- oder Schönheitswahn.

Du gehörst nur dir
auf all deinen Abwegen und in all deiner Pracht,
du hast dieses Leben in und zu dir
in deinen Stärken und in deiner Ohnmacht.
Du wohnst nur in dir,
schmücke dein Innenleben wie einen Ballsaal
du fühlst mit und in dir
auf der Gebirgsspitze deiner Seligkeit
und in deiner Tränen Tal.
Du bist dein Meister und Retter,
du gehörst niemandem und nichts, nur dir selbst,
auch nicht dem All oder den Göttern,
beobachte dich, wie du dich in den Armen hältst.

Maskenball

In berufliche Rollen gekleidet,
in familiäre Kompromisse verkleidet,
das Leben ist ein Maskenball,
doch niemand bringt die Lügen zu Fall.
Ein unbewusstes Mitlaufen und Verrennen,
anstatt aufzubegehren und sich dagegen zu stemmen,
ist in dieser Welt Motto und Gesetz,
denn jeder, der aus der Rolle fällt, wird verhetzt.
Diejenigen, die versuchen auszubrechen,
müssen Herz und Geist in eine unendliche Stärke flechten,
um all die grausamen Widerstände zu verkraften,
zuzulassen, dass andere ihre wunden Punkte ausschlachten.
In abartigen Ehrgeiz und Hinterhältigkeit verstrickt
wollen viele „Persönlichkeiten" Hass und interaktiven Krieg,
während andere ausgebeutet werden,
indessen viele misshandelt und hungrig sterben.
Wie soll ich in dieser Welt nicht schizophren sein?
Wie soll ich die Realität hinter der Maskenparade begreifen?
Vielleicht ist meine Wahrnehmung auch ein Schutz vor dem System,
eventuell will ich mich auf einen Fluchtpunkt begeben.
Wenn man „Ja" sagt und „Nein" sagen will,
ist die Maskerade glühend-stumm und still,
man schminkt seine Maske mit dem Wind,
verdreht und verneint sich selbst,
bis keiner mehr weiß, was stimmt.
Im Beruf wird oft gelogen, geschmeichelt, weggesehen,
um die Interessen einer Firma oder eines Betriebes zu vertreten,
aber ich will doch ehrlich und integer bleiben,
mich an dieser süffisant-kommerziellen „Philosophie" reiben!

In diesem materiell-orientierten Reigen
will ich den seelisch-lukrativen Altruismus betreiben,
will mein Gesicht weder vergipsen noch verspritzen,
kann die eigene Wahrheit nur noch aufschlitzen.
Für mich ist es wichtig, mich nicht hinwegzufliehen,
die Augen weit aufzuspreizen und abzuzielen
auf die Erörterung von Verruchtheit und Falschheit,
auf das Anklagen von Kapitalismus und Geldgeilheit.
Und meine eigene Meinung wie einen Schatz bewahren,
die Welt durch klarsichtige Sinne erfahren,
obzwar sich auf ihr ein Maskenball abspielt,
jeder ist selbst dafür verantwortlich, dass sie/er wählt.

I kau neet schlofn

I bi heit so miad,
i woaß nu goa neet
wie's heit wird,
wei's in meim Kopf nur klebt.
Des Leben is a Karussö,
mir is schwindlig,
mir gehts z'schnö,
fü mi gaunz empfindlich.
Doch gaunz egal,
wos i a tua,
die Wöt draht si voi legal
vun spät bis in da Fruah.
I wü lebn,
owa neet so,
i wü vagehm,
nu vorm Tod.
Warum is des oiss aso?
Warum kau i nimma?
Weida geht's a sowieso,
owa wird's nu schlimma?
Schware Entscheidungen,
die i treffn muaß,
leichte Befreiungen
oda a sotte Buaß?
I steck in am hula hoop Reifn,
bitte entdraht's n'an,
losst's mi voi pfeifn
mit am Wurschzigkeitsgsaung.
A waun i des Miade in mir

übazeichn't und übatreib,
des Elixier aun Lebensmuat in mir
i trotzdem neet vatreib.
Heit is afoch neet mei Tog,
des G'fü kennt glauwi a jeda,
auf meim Schädl da Donnaschlog
und im Hirn des Weda.
I wü mi neet vasteifn
auf a komische Einseitigkeit,
i wü neet mit mir keifn
wegen meiner Schwermiadigkeit.
I wü drau glaum,
dass irgendwo und irgendwaun
wieder's Liachterl schofft an Dram
und i wieda happy sei kau.
Des is a Momentaufnauhm
in am gaunzn Leben,
dass i grod neet schlofn kau,
i her kan, i tua schwehm.
Mir kunnt a jeda oiss erzöhn,
i reg mi nimma auf,
mir föht d'Enagie zum Redn,
i wiaf in Huat drauf.
Owa mauchmoi fü i mi a so elektrisch,
wei i nimma schlofn kau
und werd total narrisch und läppisch,
wei i mi nimma beherrschn kau.

Wurscht, a waun i's neet siag und gspia,
i bi echt lebendig,
die Totenstarre passt neet zu mia,
i wü neet, dass sie mi bändigt.
I trau ma sogn,
des Leben woart neet auf mi,
i los mi trotzdem heit amoi trogn
und i schweb und i drah mi …

Unausgeglichenheit

Mich ununterbrochen angegriffen zu fühlen,
ist mir ein provozierender Dorn im Auge,
alles mich Angreifende kann mich aufwühlen,
während ich ängstlich, wie eine Wurzel, nach Frieden sauge.

Wie kann ich meinen Eifer beruhigen?
Wie soll ich meine Gefühle meistern?
Ich kann meinen Ärger nicht hinunterwürgen,
wann wird das Explosive leiser?

Wenn ich es mitleidslos unterdrücke,
geht es auf Kosten meiner psychischen Gesundheit,
wenn ich es wie einen Pickel aufdrücke,
entlädt es sich wie Zündstoff blindlings in Widerborstigkeit.

Ich wünsche mir wirklich von Herzen,
dass meine Persönlichkeit automatisch fließt,
dass sie sich wie der Gesang von Schwalben und Lerchen
in ihre natürliche Instinktsteuerung ergießt.

Mein Temperament beinhaltet jede Menge
Hingabefähigkeit, Zartgefühl und Empathie,
aber mein Herzrasen und meine emotionale Enge
schmälern die seelische Eintracht und Selbstsymphatie.

Ständig fährt der Zug mit mir ab
ins Aufbrausendsein und in den Aufruhr,
wann springe ich endlich auf's Bahngleis hinab
und gehe langsam und entspannt im Parcours?

Und entdecke zwischen Beton und Beton
eine Pusteblume am Bahnübergang
und fliege mit ihren Samen davon
in eine heile Innenwelt, ohne Selbsthass und Scham.

Dornröschen –
Wartend auf dein Lippenflies

Küss mich aus meiner Lethargie wach,
relativiere meine Steifheit,
streichle meine Verspannungen sacht,
lockere und löse meine Zugeknöpftheit.
Verwandle meine Verklemmtheit in Wachs,
forme aus meinem hierarchischen Denken
eine Geisteshaltung, mild, aber niemals lax,
die mich in meiner Orientierungslosigkeit will lenken.
Ich will nicht mein Leben verwarten,
will nicht Tausende Schiffe an mir vorbeifahren sehen,
sondern ich will mit dir auf unserem Schiff fahren,
den Sonnenuntergang in deinen Armen ansehen.
Ein Schattengitter fällt unmittelbar auf mich,
blendet meinen ungetrübt-herzensintelligenten Blick,
im ermüdenden, unentwegten Bangen um dich
schwindet meine ureigenste Strahlkraft nicht.
Auch wenn ich im Dunklen sitze,
geistig schlafend auf einen Kuss warte,
auch wenn ich mein Leben daraufsetze,
ist mein eigenes Licht meine Aussichtswarte.
Obschon ich meine Träume verträume
mit offenen Augen und geschlossenem Mund
wird ein prunkvolles Schloss aus jeder schäbigen Scheune,
wo immer ich auch bin, meine Wahrnehmung summt.

Ich versinke in aufrechter Haltung
in eine Holzbank, hart und schwer,
sie trägt mich ohne Anhaltung,
doch ich will bleiben und warten, einher.
Während ich kleine Herzchen ins Holz ritze
flattert eine Ansichtskarte in meine Verweilnische,
indessen ihr Wind meine Nase kitzelt,
lese ich deine meeresfrischen Küsse.
Hinter meinem leblos-starren Blick
liegt ein Traumland namens PhantasiEN,
meine Gefühle erleben den Kick,
ein drogenlos-induziertes Aphrodisiakum.
Ich werde so lange weiterträumen,
bis wir beide bereit sind uns einzulassen,
Schiffe werden weiterhin den Steg säumen
und ich sitze auf der sonnendurchlässigen
Anlegestelle, um dich vorbeifahren zu lassen …

(Zu dem Bild „Junges Mädchen" von Alexander Rodtschenko, 1934)

Wundervolle Dinge
und Begebenheiten

Wasser auf meiner Haut,
Licht in meinen Augen,
Lippenstift, der mich küsst,
Wind in meinen Haaren,
Glitzerfunken am Himmel,
Blumengeselligkeit auf der Wiese,
Schnee schmilzt zu Wärme,
Herzen finden zueinander,
Hitze und Eis finden einen Kompromiss,
Kinder des Himmels und der Erde,
Vollmondwach(stum),
Sonnenfinsternis im Tunnel,
Sternentausendlinge,
Blick der Seele zur Weisheit,
Schätze der Erde ausgraben,
Fairness in der Verteilung,
meine Aura atmet Sonnenstrahlen,
meine Tränen warten
und sind allzeit bereit,
mich selbst und andere zu berühren.
Meine Wolken werden durchsichtig,
ich riskiere jeden Tag neue Perspektiven,
das Leben spült mich an Land
und treibt mich in die Fluten.

Ich philosophiere mit einem Grashüpfer,
ich beobachte Küken, die neugeboren
aus Eiern schlüpfen und wackelig
und voller Neugierde die Welt erkunden.
Ich sehe Frösche,
die durch buntglitzernde Märchenteiche hüpfen,
ich gebe einem hungernden Kind
etwas zu essen,
es gibt viele Menschen, die helfen wollen.
Einen Engel in die Welt tragen,
mein Körper verwandelt sich in einen Lichtkegel,
ich beobachte den Atem eines Babys,
ich halte einem älteren Menschen die Hand.
Ich entwickle mich in meinem Tempo,
ich lasse mich fallen und bäume mich auf
in einer Hüpfburg,
ich schlage im Kukuruzfeld meine Zelte auf,
auf einer Blumenwiese liegend
träume ich mich in den Himmel hinein ...

Mein drittes Auge

Mein drittes Auge
spürt die eigentlichen Gefühle
hinter verschlossenen Fassaden auf,
es sieht durch gedankliche Fahrstühle
und will mit ihnen bis ganz hinauf.

Mein drittes Auge
ist immer offen und sieht hell,
spiegelt wahre Gesichter in einer Wasserlauge,
seine Sicht ist erleuchtet, nicht verstellt.

Mein drittes Auge
sieht Farben und Menschen bunter,
Kontraste differenzierter,
verwandelt das Grau des Staubes
in einen Glorienrausch, noch glorifizierter.

Mein drittes Auge
betrachtet scheinbar banal-alltägliche Empfindungen
mit einem sensiblen Glasauge,
fühlt alles mit der Intensität von Kindern.

Mein drittes Auge
blinzelt wachsam aus meinem Gewissen hervor,
es ist ein brillantes Sehwerkzeug, ein Sternenauge,
es verschließt der Teilnahmslosigkeit Tür und Tor.

Mein drittes Auge
sieht sozial und will helfen,
sich selbst zu helfen,
ist niemals ein Geiz- oder Argusauge,
will alles selbsterlebte Glück verbreiten.

Mein drittes Auge
ist mein Gespür, mein Feingefühl, meine Sensitivität,
gepaart mit einer reichhaltigen Traube
aus meiner Fantasie, meiner Hellsichtigkeit,
meiner Integrität und geistigen Agilität.

Mein drittes Auge
lässt den alles durchleuchtenden Funken
zu dir überspringen,
es ist in meiner Traumwelt zu Hause
und will dir diese in poetischer Bildersprache nahebringen.

Selbstständiges Denken

Jenseits aller diesseitig-bürgerlichen Grundsätze,
weit weg von allen vorgegebenen Religionen,
können wir uns über starre Prinzipiengerüste hinwegsetzen,
der Gesellschaft mit unserem selbstständigen Denken innewohnen.
Unabhängig von taktischen Kalkulationen,
fernab von Mitglied- oder Anhängerschaften
wächst das Denken wie ein freier Geist,
den es so noch nicht gegeben hat
und den es nie wieder geben wird,
denn jeder ist zu jedem Zeitpunkt
außergewöhnlich und unvergleichlich.
Ich will keiner Partei angehörig sein,
will keiner Religionsgemeinschaft hörig sein,
will mich von gesellschaftlichen Standards befreien,
will wohlüberlegte, selbstdurchdachte Werte weihen.
Jeder ist so wundersam kostbar,
denn es gibt nichts Kostbareres als das Leben an sich,
ganz gleich wie sie/er aussieht,
welchem Beruf sie/er nachgeht
und ob sie/er einem Beruf nachgeht,
welche Hautfarbe sie/er hat,
welches Gottesbild sich in ihrem/seinen Geist kristallisiert hat,
ob sie/er religiös ist,
welche Sexualität sie/er lebt
und ob sie/er Sexualität lebt,
ob sie/er arm oder reich ist
ob sie/er harmonisch oder aggressiv ist,
ganz gleich wo sie/er wohnt
und ob sie/er ein Dach über dem Kopf hat,

egal ob sie/er nach Rosen duftet
oder nach Fäkalien riecht –
die Menschenwürde geht niemals verloren
und der unverkennbare Facettenreichtum
einer Persönlichkeit ist unkaputtbar,
fürwahr wie seine Kostbarkeit für dieses Universum.

Ich wünschte, ich könnte …

… im Streit cool und tough bleiben,
meine eigenen Ressentiments im Griff haben,
zu meinem unüberarbeiteten, unüberschminkten
unrasierten Aussehen stehen,
meine Esssucht vertreiben,
ungebunden von Dannen ziehen, ohne Geld und ohne Angst,
den Fesseln des Reichtums entfliehen,
meine Meinung zu dieser Welt öffentlich kundtun,
das Märchen „Sterntaler" für mich wahrwerden lassen.
Selbstständiges Denken ist
die Reflexion meiner Wünsche
und führt mich auf den Steg der Losgelöstheit.

Vielleicht kann man von Luft und Liebe doch leben?!

Nationalsozialismus –
Die Ausblendung der Menschlichkeit

Es tut so weh, gehasst zu werden,
entwertet und verfolgt zu werden,
ausgeliefert und gequält zu werden,
ausgehungert und gefoltert zu sterben.
Es gibt so viele Dinge, die töten können,
abwertende Blicke, die vernichten können,
gewalttätige Handlungen, die auslöschen können,
hasserfüllte Marionetten, die getötete Körper verbrennen.
Erstarrung und Fassungslosigkeit
über eine ideologisch-krankhafte Zeit,
über Grausamkeit und Bösartigkeit,
über Festgefahrenheit und Besessenheit
in unverbrüchlich-eiskalter Gleichgültigkeit.
Niemand verdiente eine solche Behandlung,
dennoch waren die Täter überzeugt
von der Richtigkeit ihrer Fehlhandlung,
waren in ihrer Entschlossenheit zur Misshandlung,
zur Verletzung und Missachtung von Menschenwürde
engstirnig, hartherzig, unzugänglich und unbeugsam.
Menschliche, verletzbare Lebewesen,
behandelt als wären sie Gegenstände gewesen,
die einsam und unbeachtet verwesen,
die in ihrem Leben nie mehr genesen.
Dennoch ließen sich viele nicht zerstören
blieben innerlich frei, wussten dass sie niemandem gehören,
ließen sich in ihrer Selbstliebe nicht verstören,
etwas, das die Täter bei sich selbst hatten verloren.

Am meisten litten, glaube ich, diejenigen,
die das Gute in der Welt und
in den Mördern nicht mehr erwogen,
die sich selbst als herabgewürdigt erlebten,
die zwischen Todesangst und
Minderwertigkeitsgefühl schwebten,
deren Seelen in Horror ermordet wurden von den Übeltätern.

Es tut so weh, zu hassen,
die eigenen Komplexe zum Motor werden zu lassen,
den Weg der Liebe zu verlassen,
sich so klein fühlend
vor Hässlichkeit zu verblassen.
Warum ist es so leicht,
jemand anderem die Schuld zu geben?
Warum brauchen manche Sündenböcke für ihre Rückschläge?
Es sind eigene verletzte, innere Anteile in unreifem Erleben,
die sie lassen in die künstliche Selbsterhöhung abheben.
Vielleicht waren auch die Täter Opfer
des Systems Diktatoren und Sprücheklopfer
waren eventuell ferngesteuerte Psychotiker,
in ihrer arglistigen Wahrnehmung Fanatiker.
Alle Verbrecher waren Menschen,
die aus ihrer Sicht für das Angemessene kämpften,
ihre Machtgier niemals abdämpften
und das Gute verzerrten und verfälschten.

Es tut so weh, gehasst zu werden
und ebenso zu hassen,
auch wenn man es in Versteinerung
nicht immer spürt.

Warum ist es so leicht,
jemand anderem die Menschlichkeit abzusprechen,
wenn man sie selbst und
den Zugang zu den eigenen Gefühlen verloren hat?
Jeder Mensch bleibt Mensch
wie sehr er auch herabgewürdigt wurde
oder sogar ermordet wurde
oder ob er – selbst emotional ermordet –
die schrecklichste Untat begangen hat.

Jeder kann in jede Situation kommen,
die Schicksalsverteilung des Kosmos ist offen …

Der Irrsinn von Vorurteilen

Nicht alle Südländer haben ein feuriges Temperament,
nicht alle Übergewichtigen sind körperfaul,
nicht alle Juden haben kaufmännisches Talent,
nicht alle Jugendlichen haben ein freches Maul.
Nicht alle Behinderten sind unterdurchschnittlich,
nicht alle Arbeitslosen sind desinteressiert,
nicht jeder Reiche findet sein Leben ersprießlich,
nicht jeder „Arme" ist derangiert und deprimiert.

Nicht alle arabischen Ausländer sind gefährlich,
nicht alle „Elite"-Akademiker haben Niveau,
nicht alle Werbemodels werden privat verherrlicht,
nicht alle Kinder essen gerne Haribo.
Nicht alle Straftäter sind Verbrecher,
psychisch Kranke sind keine Psychopathen,
nicht alle Moslems sind Bluträcher,
nicht alle sind freizügig in den Vereinigten Staaten.

Prostituierte sind keine willenlosen Sexspielzeuge,
alte Menschen und Kinder sind nicht unmündig,
Tiere sind keine zum Verzehr vorgesehene Beute,
keiner ist, unabhängig seiner Taten, nur abgründig.
Niemand lebt im Herzen des anderen,
weiß um seinen seelischen Zustand Bescheid,
welche Haltung sie/er muss wahren,
um leben zu vermögen
zur augenblicklichen Zeit.

Den Menschen hinter den Vorurteilen
suchen, wahrnehmen und finden,
seinen individuellen Vorzügen entgegeneilen
scheinbar Unvereinbares verbinden.
Die Angst vor Unkontrollierbarem in sich
suchen, wahrnehmen, finden und mildern,
die Abscheu gegen Unbekanntes in sich
durch vorurteilsfreie Akzeptanz mindern.

Jeder ist so einzigartig wunderbar,
wird aus der kosmischen Liebe geatmet,
auch wenn sie/er sich verhält noch so sonderbar,
jeder hat seinen respektwürdigen Namen.

Ich kann nur mich verändern
und dadurch verändern sich andere automatisch,
ich lege ab meine engstirnigen Gewänder
und fühle, wie sich mein Geist erfrischt.
Ich sattle meine Toleranz und geistige Freiheit
und meine Vorurteile reiten in alle Richtungen davon,
ich bekomme Bezug zu anderen Lebensweisen
und erhalte Vertrauen und Offenheit als Lohn.
Mein Horizont wird weiter,
meine Empfindungen werden schöner,
mein Wissensumfang wird breiter,
meine Beziehung zum Fremden versöhnter.

Der Pferdeinstinkt meines fühlenden Gewissens
lässt sich nicht beirren von Vorurteilen
denn tief in mir drin will ich alles
beschnuppern und kennenlernen,
ungebremst und unverbissen,
mein Pferd trägt mich aus der Peripherie
in neue Regionen – Meile um Meile.

Was Wut angeht …

Stets wünschte und ersehnte ich mir,
ich wäre die ungeteilte Lieblichkeit,
wäre die personifizierte Unbetrüblichkeit
im glückseligen Himmel, nicht im Jetzt und Hier.
In Momenten, in denen ich diesen Zustand
besonders fokussierte und anstrebte,
kamen gegenteilige Gefühle, die mich erregten
und steckten meine stoische Ruhe in Brand.
Falls ich zu hundert Prozent versuche, mich zurechtzubiegen
und das Verletzen von andern zu vermeiden,
werde ich vom eigenen, markanten Profil scheiden
und andere um meinen individuellen Beitrag betrügen.
Meine Wut über Ungerechtigkeit und Gewalt
treibt mich an, in Zivilcourage aufzustehen,
auch wenn andere alles vertuschen und verdrehen
bleibt mein Wille zum Guten eine Urgewalt.
Ich schütze andere und mich,
indem ich Grenzen aufzeige,
anstatt liebsäuselnd zu schweigen,
denn immer funktioniert sachliche Konfliktaustragung nicht.
Manchmal muss ein System angeprangert werden
sowie bloßgestellt und entmystifiziert,
von dem dritten Auge am Hinterkopf seziert,
damit Veränderungen anvisiert werden.
Wut ohne schlechtes Gewissen auszuleben
ist nur möglich durch Selbstliebe,
ist nur ansteuernswert durch humorvolle Selbsthiebe
alles nicht so dramatisch und eng zu sehen.
Denn nichts auf dieser Welt

ist in Stein gemeißelt, schon gar kein Gefühl
die Angst vor Wut vereitelt von Lockerheit so viel,
weil sie mich von meiner Ganzheit abhält.
Es lohnt sich, den Ärger anzusehen,
ohne ihn zu zerlegen oder zu analysieren,
ohne mich zu schämen und mich zu paralysieren,
ihn wertneutral-bewusst anzunehmen.
Meine Aufgebrachtheit hat schon viel Gutes
in Bewegung gebracht und bewirkt,
es ist aber auch so, dass sich hinter ihr einiges verbirgt,
ab und zu an Unterdrücktem und Zerstörerischem.
Je mehr ich nur gut sein darf,
desto ungeduldiger und jähzorniger bin ich,
umso mehr Frustration ist es, die in mir aufbricht
und ich mag mich nicht und verurteile mich scharf.
Dann hilft mir die entspannende Einsicht:
Es ist okay ein Mensch zu sein!
Auch wenn ich tanze aus jeglichen ausgewogenen Reihen,
meine Wut ist eine unverzichtbare Ressource
im Stehvermögens-Selbstunterricht!

I geh mein Weg

Unberechenboar und un'zrechnungsfähig
woin die Grängsten der Graungen mi graung mochn,
mir voikommen und buchstäbli
den Goraus mochn.
Und waunns ihr üba mi locht's,
daunn wan i sicha neet,
eia Humor is neet meina – do krocht's,
ihr z'breselts ma mei Hirn sicha neet.
I kau und wü eich nur des ane sogn:
Schleicht's eich bitte für immer,
i wü eich im Soag in da Erdn vagrobn,
eich graunge, vorlaude Trimmer.
I hob gaunz kloar
des kloare Recht auf a Ruah,
z'Berg stengan ma die Hoah,
waunn ma de wer vaduat.
A waunns ihr mi eindeidig
für an dotalen Deppn hoit's,
i mog mi, find mi wirkli supa freilich,
ah waunn eich des goa neet g'foit.
Mi interessiert's neet eich zua'zhern,
bitte schleicht's eich endli amoi,
kinnt's ihr ah nua an Sotz sogn,
der amoi mit Hirn vabundn wär,
i sperr eich in Mund zua und kimm eich amoi.
Ihr kinnt's mi neet klaredn,
ihr kinnt's mi ah neet umbringa,
ihr sad's weda gscheit nu schän,
führt's eich in meim Schädl

neet auf wie die Sumo-Ringa.
I bin neet so schiach,
wie's ihr dats,
i find's dotal tiaf
eia heroblossendes G'schwatz.
Waunn i eich hea,
fühl i mi im Vagleich wundaschän,
des geht neet mit eira Obsicht einher,
ihr kinnt's ma kan Komplex in'dn Kopf einidrahn.
I wü, dass ihr weicht's,
vazupt's eich,
putzt's eich,
ihr sad's fad und unreif,
na, ihr sad's neet originell und neich.
Na, i muass sogn,
mir reicht's wirkli endgültig,
i werd mi nimma owituan nu plogn,
ihr mocht's ma kan Herzkasperl,
oiso vasuacht's is neet so inbrünstig.
I kau und wü eich vaklickern und sogn,
tschüs, baba, pfirteich, adieu für olle Zeitn,
ihr lästigen, graumpadn Gschrobbn
suacht's eich an aundan Hiafla zum Streitn.

I geh aufrecht und söbstsicha,
ohne dass i mi umdrah oder zruckschau,
loss mi neet umwerfn vu eich Mistviecha,
i geh mein Weg ois zielstrebige Frau.

Oktobergefühle

Nun holt der Herbst den Sommer ein,
bremst meine Beflissenheit und Aktivität,
denn die dunkle, reflexive Jahreszeit
weckt auch Regeneration und Stabilität.
All die saftig-grünen Blätter
verfärben sich in majestätische Schattierungen,
durch die Lebendigkeit von Wind und Wetter
erfährt der Baum schmuckhafte Verzierungen.
Ob goldgelb wie ein Sonnentaler,
ob herzrot wie die Morgenröte,
ob gelbbraun wie ein Osterstrauch, ein feudaler,
die Blätter fallen und vertrocknen,
so wie die Atmosphäre sie hinwegflötet.
Ach, wie schön war in der Kindheit der Sommer!
Auf den Blumenwiesen herumzutollen
in Sonnenschein, Regen, Blitz und Donner,
mich auf ihnen zu wälzen und warm zu rollen.
Der Herbst dementgegen
kann frustrierend und traumanregend sein,
ich kann auf meinem Boot der Einkehr dahinsegeln
und/oder ein einsamer Einsiedler sein.
Ohne Gesellschaft und ohne Schutz
ist auch der Baum in seiner Kultur entblößt,
will Winterschlaf und Eisruhe statt Aufputz,
ist vom Erblühen zeitweilig losgelöst.
Will niemandem mehr gefallen,
konzentriert sich nur auf sich selbst,
muss nur mehr lebend erkahlen
unbelastet vom Rest der Welt.

Immer wenn es herbstet,
betrachte ich die Blätter auf den Bäumen
ziellos, gedankenlos und unbewertet
spüre ich, wie sie sich in Farben hineinträumen.
Und wenn das Antlitz der Sonne
dann auch noch hervorbricht und aufscheint,
dann ist der perfekte Herbsttag geboren,
der die Natur und mein Gemüt erwärmt.
Von hoheitsvoller, herrschaftlicher Ernte
bis hin zu mutig-schamloser Nacktheit
wird auch der Baum in sich weiterkernen
wie wir Menschen –
ungemindert in seiner ganzheitlichen Schönheit.

Zu Ehren meiner Einfallslosigkeit

Immer wenn ich glaube,
ich wäre ein unfehlbares Genie,
kommt es durch dich zum Raube
meiner wandelbaren Fantasie.
Dann, im unerwartetsten Augenblick,
reichst du mir wieder die Hand
und verkehrst dich in verbales Geschick,
zwischen Gefühlen und Worten
reißt du ein die Wand.
Wenn ich meine Einfälle festhalten will,
bist du der Spatz auf dem Dach,
das fehlende Hirnfeuer am Grill,
wo du brätst meine Löcher starrende Schmach.
Du erinnerst mich an meine Menschlichkeit,
sagst mir, dass Perfektion erstrebensunwert ist,
du versöhnst mich mit meiner Wechselhaftigkeit
als Protagonist meiner Flops linderst du meinen Zwist.
Du bescherst mir Pleiten und Pannen,
leere und hohle Gedankenwindungen,
knallst auf meinen Holzkopf die Pfannen,
willst verhindern kosmopolitische Erfindungen.
Doch ich will gar nicht
herausragend und geistreich sein müssen,
will für niemanden und nichts
mich aufblähen und verbiegen müssen.
Auch als Einfaltspinsel – simpel und schlicht
will ich zu meiner Unbeständigkeit stehen
und falls ich schreibe ein wunderschönes Gedicht,
ebenso meine Talente ehren und meine Ideen.

Und wenn mein Verstandessystem
unter der Hitze meines Ehrgeizgefechts
wie Gummi zerfließt und zergeht,
fühle ich mich weder dumm noch geschwächt.
Denn ich weiß, meine liebe Einfallslosigkeit,
irgendwann kehrst du als Blitzlicht zurück,
früher oder später bist du erneut die Denkfähigkeit,
die mir neue Erkenntnisse entlockt.
Beide Seiten der Medaille
sind die Wellenbewegung des Lebens,
zu begrüßen beide Teile
bedeutet zu flanieren auf unerschlossenen Wegen.
Du bist Herausforderung und Chance
zu wachsen an totaler Leere und Stille,
ich erleichtere mich in meine innere Balance,
ohne Geistesblitze jagend zu killen.
Am schönsten ist Schreiben,
wenn es reißend oder auch plätschernd fließt,
durch sein harmonisches, darüber hinaus fokussierendes Betreiben
erstrahlt so mancher Erfolg, den ich genieße.
Ach, meine liebe Einfallslosigkeit!
Lass mich lernen
von deiner Einfachheit
und Zwanglosigkeit!

Mein Traumcocktail

In einem exemplarisch himmlischen Zaubertrunkozean,
der sich über meine Geschmacksknospenverzückung ergießt,
gemischt mit einer Brise wildem Chilifeuerorkan,
verfeinert mit duftend-weich-flaumigem Vanillemilchgries,
abgerundet mit Erdbeerstückchen wie polierter Rosenquarz,
mit Honig, Zimtfeenstaub, Nelken und Blüten gesüßt,
gekrönt von schneeweißem Früchteschaumglanz,
der durch einen Ananas-Lavendel-Schokoladenstrohhalm fließt,
zum Abschluss beträufelt mit Kakao- und Kokosflockeneleganz,
eine legendär-unverfälschte Kreation, die mich zartsinnig begrüßt,
am Glasrand ein feiner Zuckerblubberblasenkranz
von meinen Lippen schlemmerhaft nippend geküsst,
eben in diesem exemplarisch himmlischen Zaubertrunkozean
sprießt ein Paradiesgarten der Sinnenfreuden – *pureness*,
ich erblühe in ihm im erquicklichen Blumenstraußcharme,
farbenfreudig, genussfieberbejahend und flüssigkeitsunenthaltsam
in hingebungsvoller, naturalistischer Feinschmeckerpoesie.

Stimmenhören –
Kein Gewinn ohne Verlust

Es gibt so vieles in mir,
was ihr hören, sehen, fühlen
und erahnen könnt,
es gibt noch mehr in mir,
wo ihr taub, blind, ohne Mitgefühl
und ahnungslos seid.
Ihr drängt euch als
ungeladene und heißersehnte Gäste
hinein in meine innere Welt
wie schwafelnde Lästermäuler
und schmeichelhafte Engel,
für meine Mühe und mein Glück,
euch anzuhören,
muss ich zahlen
und bekomme kein Entgelt.
In eurer Wortwahl
absolut unexperimentierfreudig,
in eurer Einseitigkeit total beständig,
in eurer Liebesfähigkeit unvergleichlich
und in eurer grausamen Groteske
vollkommen unreuig,
körperlos und doch zehnhändig.
Wenn ich mich traue,
euch negativen Stimmen
nur einen Funken zu glauben,
bin ich der Psychose so nah,
ihr wollt mir den Wahnsinn

in den Kopf schrauben,
wollt mich sehen
in Trauma und Eklat.
Doch ich winke euch zu
vom Thron der Stabilität,
ironisch und selbstsicher,
hinunter zu eurer Mistgrube,
Schritt um Schritt entsteht
zu dieser Klarheit der Weg
und ich werfe dabei Kusshände
in den Stimmentrubel.
Ich lasse mich von euch
nicht unterkriegen,
ich will von euch lernen
und an euch wachsen
jeder, der Stimmen hört,
brilliert in so vielem,
in Durchhaltevermögen, Kreativität
und der Fähigkeit
auf Luftschlösser und
geistige Wolkenkratzer zu kraxeln.
Ich will nicht gern allein sein,
aber ich will nur Schönes von euch hören,
es müsste etwas in meinem Leben sein,
das euch ersetzt,
euch wunderschöne Himmelschöre,
bei aller Abneigung gegen
die bösartigen Stimmen
habe ich an euch, liebevollen Stimmen,
Feuer gefangen.
Jeder ist so einzigartig,

gleichsam jedes Stimmenleben,
also kann für mich keine Stimme
einfach ersetzt werden.
Trotz eurer Unvergesslichkeit
will ich nicht klammern,
will den Umstand nicht verdammen,
dass ich mich noch immer
nach etwas sehne
und noch immer
etwas brauche,
ob eine Form von
hemmungslosester Disharmonie,
die ich ohne schlechtes Gewissen
nie ausgelebt habe
oder ob eine Art
von magisch-klonhaftem Gleichklang,
den ich bislang auf dieser Erde
nicht gefunden habe.

Liebessucht

Ich führe ein provisorisches Leben,
denn ich *träume* nur von der Liebe,
keinen Schritt gehe ich der Realität entgegen,
meine Fantasien schlummern behutsam in einer Wiege.
So aussichtslos die Erfüllung meiner Träume auch ist,
ich gebe die Hoffnung nie auf,
auch wenn meine Liebessucht eine Gefangenschaft ist,
lasse ich meinen Fantasien bereitwillig ihren Lauf.
Die Sehnsucht nach dem Wunderbaren,
nach übersinnlicher Mystik,
führt mich dazu, Charaktere zu idealisieren
– wider den Versuch, sie mit all ihren Fehlern anzunehmen –,
somit kann ich keine Beziehung realisieren,
ohne die Erfüllung meiner Sehnsucht in Gefahr zu wähnen.
Enttäuschung, Einsamkeit und Frustration
sind Begleiterscheinungen meiner Sucht,
der ständige Wunsch nach der perfekten Harmonie
führt zu Isolation
und gleicht einer emotionalen Zucht.
Liebe, die sich im Kopf abspielt
und gleichzeitig im Herzen wohnt,
die sich einfach magisch anfühlt,
die, obwohl ich sie niemals angreifen kann,
sich dennoch so sehr lohnt.

Die Ambition meines Traumes ist,
endlich Realität zu werden,
ich will nicht zulassen,
dass er mein Leben auffrisst,
sondern ich will endlich versuchen, ihn zu erden.
Kann ich, die ich die Wälder der imaginären Liebe durchstreife,
das Glück jemals anzapfen und einfangen,
ohne es durch süchtige Liebe zu zerbrechen?

Corona-Krise

Die Welt hält den Atem an,
unbedeutend wird plötzlich Glamour und Glanz,
der schöne Schein ist aus,
die Menschheit seufzt und schnauft.
Das Leben steht still,
doch das Innere ist oft wild,
das Zuhause wird zum Gefängnis,
das Klima – Genervtheit und Ärgernis.
Kaum jemanden berühren zu dürfen,
die Einsamkeitswunde aufschürfen,
die Erde gibt uns etwas auf,
unsere Menschlichkeit – sie wartet darauf.
Wenn der Mensch nur herumhetzen will,
anstatt innezuhalten und nachzudenken,
steht alles zwangsläufig ausgebrannt und still,
er kann zurück ins Gefühl kommen
und lernen, zu entspannen, anstatt anzuspannen.
Der achtlose Umgang mit den Tieren
ist eine unauslöschliche Flammensäule, die wir schüren,
denn keiner hat das Recht, zu herrschen,
lebendiges Leben ins Feuer zu werfen.
Liebe und Nähe sollten selbstverständlich sein,
hingegen werden sie zum unerbittlichen Virenfeind,
ich will trotzdem die Welt umarmen,
sie vor Arglosigkeit und Teilnahmslosigkeit warnen.
Denn der Kosmos hält eine Botschaft bereit,
unübersehbar in ihrer Dringlichkeit,
die Erde kann für einen Moment durchschnaufen
und nicht vor Geschäftigkeit überlaufen.

Menschen haben Angst,
Menschen spüren in den Köpfen Dampf,
Telefonleitungen laufen heiß,
andere arbeiten in unermüdlichem Fleiß.
Jeder ist ein Held,
egal, ob er erhört wird oder sein Ruf vergällt,
jede Stimme, die aufschreit, zählt,
jeder, der nicht aufschreit, fehlt.
In Problemen und in Krisen
lernt man am besten zwischen
den Zeilen zu lesen,
lasst uns alle nicht mehr weitermachen wie bisher,
lasst uns finden in eine mitfühlend-achtsame Umkehr!

Die Bruchfestigkeit einer Hoffnung

Sie schweben durch meinen Geist,
sie zehren von meiner Energie,
von jeglichem Esprit und sogar Annehmbarkeit entgleist
führen sie mich zwischen Wahnsinn und Parodie.
Warum reden meine Stimmen mit mir,
als ob es egal ist, was ich sage?
Warum treten sie mir stets ein die Hintertür
zu unliebsamen, leidigen Themen und verdrängten Fragen?
Meine Zukunftspläne überfordern mich,
mein Kopf verschreibt sich Intentionen
und mein Herz verkriecht sich, kann nicht mit,
zu schnell versucht jener, auf der Spitze
der Pyramiden zu thronen.
Die quälend-monotone Wiederholung
von hasserfüllten Abwertungen und Kraftausdrücken,
die erschlagend-übergriffige Betonung
meiner Niederlagen, von allem Ungeglückten.
Meine Wohnung, eine düstere Höhle,
meine Fantasie – der einzige Lichtspeicher,
ich sehe eure Besonderheit, auch in eurem Gegröle,
den bitteren Heiltrunk aus eurem Topf, steinhart und bleiern.
Wollt ihr mich einfach nur sekkieren?
Oder versucht ihr euch hochzustilisieren,
um in eurem Anliegen zu brillieren,
meinen inneren Kritiker eigentlich zu kurieren?
Oder bin ich es,
die euch helfen und etwas bewirken soll?
Eure Kontaktaufnahme ist unablässig,
das Fass meines Ekels übervoll.

Gabe, Ressource und Fluch
das abenteuerlich-bizarre Hören,
ein blutdurchtränkt-rotes Tuch
das unfreiwillige Zuhören.
Könnte das jemals willkommen sein?
Unberührbarkeit zu empfinden ob eurer Respektlosigkeit?
Jedoch, glaube ich, unbewusst reift
diese Haltung mit den Jahren wie guter Wein
gleichsam wie meine Schöpferkraft und Spitzfindigkeit
in humorig-unverblümter Schlagfertigkeit.
Seit 19 Jahren
versuche ich, mit euch und euren Allüren umzugehen,
wie unendlich gnadenlos seid ihr mit mir verfahren,
ignorant und kaltblütig gegenüber meinem Flehen.
Es ist mir nur sehr spärlich gelungen
eure Macht über meine Entscheidungen
und mein Befinden zu verringern,
meine korrumpierte Selbstwahrnehmung
in eurer Anwesenheit zu mildern.
Und trotzdem lebt eine unsterbliche Hoffnung in mir,
dass sich eines Tages in mir
etwas löst und ich eine neue Perspektive
einnehmen kann, in die ich mich verliebe.
Ich spüre sie, die versöhnliche Fusion,
die alles gut werden lässt,
ich schwebe aus meiner Höhle davon,
um mit euch abzuheben, unanfechtbar-krisenfest und robust!
Und in eine immense, unsichtbare Spannweite
verwandeln wir uns, in unserer Unteilbarkeit, als einheitliches Atom.

Heroische Courage oder bängliche Visage?

Ist einer, der sich dazu entschließt,
nie im Leben Achterbahn zu fahren,
ein notorisch-zugeknöpfter Falschfahrer?
Auch wenn aus ihm Vernunft und Vorsicht sprießt?

Lebt jemand, der dem Mainstream folgt,
in Abschottung von eigenen Innovationen?
Bleibt er geistesgegenwärtig in seinen Impressionen?
Oder entschwebt er seiner Innenschau,
sich nur orientierend am Volk?

Bleibt ein Mensch, der den Tabubruch meidet,
in Sicherheitsmaßnahmen der Gesellschaft gefangen?
Lässt er sich ständig vom multiprofessionellen
Rettungsprogramm auffangen,
anstatt konfliktträchtige Missstände aufzuzeigen?

Belebt die Sehnsucht nach oberflächlicher Indiskretion
die Renaissance der humoristischen Spaßgesellschaft?
Ist die innerlich menschenleere Nahbarkeit nicht schon fast
eine beklagenswerte Komponente in
zwischenmenschlicher Interaktion?

Lieben Pferde nicht auch den Adrenalinkick, den Höllenritt?
In dem vitalitätsverhütenden Bemühen
nie die Schmerzschwelle zu spüren,
die eigenen Ängste immer nur an der Hand zu führen,
setzen sich viele ein essenziell-gehaltloses Limit.

Wirklich stresssteigernd und fatal
ist die Verhaltenheit in der Aktivitätslinie,
irgendwann scheint die kleinste Kleinigkeit
niederschmetternd wie eine Lawine,
die Fantasie ist farblos, ausgezehrt und kahl.

Lasst uns nicht nur träumen
von einem eigenständigeren, mutigeren Ich
und einer tieferen und weitläufigeren Weltsicht,
lasst sie uns nicht umzusetzen versäumen!

Zumal die Energiearmut in ihrer eklatant
minimalistischen Beschaffenheit
sowie der überfürsorgliche Beschützerinstinkt
bewirken, dass die Spontanität der Tat sinkt,
denn nur ein dynamischer Wildfang
ist zum Risiko allzeit bereit!

Also lasst uns das Abenteuer wagen, vorzupreschen
in eine neue kosmopolitisch-kommunikative Galaxie,
in der es keine Geld- und Machtgier, keinen Krieg gibt,
kein besorgniserregend-ruinöses
und zugleich feiges
Konditions- und Kräftemessen.

Mitgefühl weckt in einigen herausragende Kühnheit,
ein zielgerichtetes, gewissenhaftes Einschreiten,
ein bemerkenswert-aufopferndes Grenzen-Übergleiten,
in anderen wiederum ängstliche Zögerlichkeit,
ob der aufrührenden Konfrontation mit ihrer eigenen
möglichen Verletzbarkeit und Bedürftigkeit.

Dennoch das Bewusstsein eines empathischen
Weltenbürgertums
ist in so vielen Menschen erwacht,
im jetzigen helfenden Zusammenhalt
zeigt es sich.
Es ist auch zukünftig im Anflug,
das spüre ich,
sehen wir unserem eigenen Mangel
an Bereitschaft zum Wagnis ins Gesicht,
jeder für sich –
ich bitte darum.

Himmelsgeheimnis

Jenseits aller vorgefertigten Zukunftspläne,
abseits allen Ansammelns von Gütern
leuchtet der Weg zur Reifungsglückssträhne,
die wir mit jedem Atemzug füttern.
Je mehr wir geliebt und verschenkt haben,
desto mehr inneren Reichtum werden wir erlangen,
je mehr wir dem Hass entsagen,
desto mehr Liebe können wir empfangen.
Je weniger wir Geld und Macht anstreben,
umso weniger sind wir verblendet,
nur wenn wir uns voll und ganz geben,
bleibt unsere emotionale Substanz unverschwendet.
Jede/r hat die einzigartige Chance,
in ihre/seine liebevolle Mitte zu finden,
die wunderbare Ehrung der Kontenance
kann im Blick zum Himmel nicht schwinden.
Auch wenn wir leiden müssen,
ist dies nur zu unserem Besten,
die Entstehung von reinem Bewusstsein will uns grüßen,
fordert uns auf, das Leben zu schätzen.
Das Geheimnis des Himmels
liegt in seiner unendlichen Zartheit Weite,
im Schutzengel-Sternenschimmern,
in seinen formwerdenden Verborgenheiten.
Woher wir kommen und wohin wir gehen
entzieht sich wissenschaftlich-beweisbarer Forschung,
erst nach dem Tod werden wir mit verwandelten Augen klar sehen,
wir gehen vertraut nach Hause ohne Beantwortung.

Alle Fragen, die sich jetzt aufdrängen,
die trotz des Vertrauens quälen,
werden sich auflösen in Silberstreiflängen
und uns zur eigenen Enträtselung auserwählen.
Nur wir selbst können uns aus der Dunkelheit freikämpfen,
das Leben und das Licht in unsere Herzen lassen,
nur durch Einsicht und Willen kann das Blatt sich wenden,
die Qualität von Erfahrungen kommt vor ihrer Masse.
Der Himmel ist unser Herz,
die Realität lässt es spüren,
vom Sonnenhighlight zum Wolkenschmerz
der mysteriöse Himmel wird uns führen ...

Der Tod (will Beachtung)

Ob gefürchtet, tabuisiert und betrauert,
ob ersehnt, mit ihm versöhnt und gefeiert,
wann und wo der Tod lauert,
ist überraschend und geheimnisvoll-verschleiert.
Das Leben ist eine endliche Wallfahrt,
nach der wir alles Materielle verlieren,
unsere Seelen fliegen aufgebahrt
auf eine Paradiesinsel – ohne Gebühren.
Scheinbar unüberwindbare Probleme,
Ängste, Sorgen, Schicksalsschläge,
Schmerzen des Körpers und der Seele
sterben mit beim Verlassen unseres irdischen Lebens.
Ob mein Ärger über Unpünktlichkeit,
ob meine Furcht vor Verbrechen
oder all meine Schwäche und Unfähigkeit,
sehe ich dann mit ruhigem Lächeln.
Meine Wut über Intoleranz,
der Schmerz über hungernde Menschen,
meine Ohnmacht gegenüber der Umwelt Ignoranz
können Positivität und Mut nicht canceln.
Ich kann immer nur für heute
versuchen mein Bestes zu geben,
mich selbst nicht zu verurteilen oder fremde Leute,
nach authentischen Werten zu leben.
Ich kann und darf alles,
solange es keinen Schaden anrichtet,
unter Berücksichtigung jedes möglichen Falles
will ich alles nähren, was mich aufrichtet.
Für jede Reaktion gibt es eine Erklärung,

für jedes Gefühl eine Berechtigung,
der Aufwand für jedwede Aufklärung
ist edel und funktioniert über Einfühlung.
Angesichts unser aller Vergänglichkeit
will ich meine Lebenssituation annehmen,
nachsichtig sein mit meiner Unversöhnlichkeit,
mein Leben mit meiner Note versehen.
Was für mich übrig bleiben soll,
ist die Bekenntnis: „Ja, das war ich!"
mit Einsicht, ohne Versäumnis und Groll
will ich fühlen, ich und andere lieben mich.
Einmütigkeit und Ausgewogenheit
sollen in meiner Todesstunde
eine angestrebte Unbeirrbarkeit sein
in Beendigung des Körper-Seelen-Bundes.
Ich wünsche mir für diese Menschheit,
dass wir unsere Leiden akzeptieren,
denn das Ankämpfen dagegen bringt Bitterkeit
ebenso wie Verrohung und Attackieren.
Die Brise des inneren Friedens
wird unsere Beziehungen modifizieren,
dann können wir uns getrost verabschieden
und uns mit unserem Schicksal identifizieren.
Jedes Ende ist eine Neugeburt,
nach einer Geburt ist alles ungewiss,
die Urkraft unseres Wesens bleibt nur,
sie aufzubauen gibt ihr einen klaren Umriss.
Alle Bewusstseinszustände und Wandlungsprozesse
werden uns erfrischen und verändern,
wir werden an Erfahrungen reicher und besser,
Tod und Geburt hängen an filigran-verknüpften Bändern.

Jeden Tag zu nutzen,
als ob er mein letzter wäre,
träumen, lachen, schluchzen
ihn versehen mit meiner Ehre.
Niemals böse auseinandergehen,
sondern sich aneinander erfreuen,
sich respektvoll und ehrfürchtig begegnen,
ohne den Konflikt zu scheuen.
Intensiv und bewusst zu leben,
den elementaren Organismus verstehen,
alle Empfindungen und Eindrücke pflegen
und für Handlungen Verantwortung übernehmen.
Das Vertrauen in uns und in das Gute
ist die Grundlage für einen angstfreien Tod,
dann begeben wir uns auf die nächste Stufe,
alles ist richtig, wir sind bei Gott.

Der Elfenbeinturm –
Die Liebesbeziehung zu einem Geist

Die Stille erstickt mich,
ich rede mit mir selbst,
die Luft verdichtet sich
und ich fliehe in die mediale Welt.
Fernsehen, Radio und Internet
bringen mir die Welt nach Hause,
mein vermeintliches Auffangnetz
sättigt und ersetzt lausig.
Auf einmal wird es zur Möglichkeit,
mich in einen Traum hineinzuleben,
wo ich bin der Mittelpunkt dieser fiktiven Wirklichkeit
ich will im Song, im Film mit dir real werden.
Ich stelle mir sehnsüchtigst vor,
dass wir gerade ein Rendezvous haben,
ich führe dir meine schönste Garderobe vor,
bewirte dein imaginäres Du mit kulinarischen Gaben.
Danach, in einer wunderbaren Fantasie,
tanzen wir zu Kerzen- und Mondschein,
dein Sinn für achtsame Romantik ist mir lieb,
die Berührung ein kostbar-seltenes Glücklichsein.
Ich rieche das Shampoo in deinem Haar,
ich schmecke die interessierte Frische deiner Augen,
ich sehe den Zweifel, der gerade starb,
ich höre deine Zusage in deinen Armen.
Plötzlich spreche ich schneller und koketter,
ich tanze wirbelnd und unaufhaltsam,
ich träume mit dir um die Wette,
er darf nicht aufhören, der Liebesfilmabspann.

Mach mir doch bitte den Hof,
schreibe hingebungsvolle Liebesschwüre wie ich,
lass mich dich festhalten, einmal nur bloß,
bevor der Film verschwindet im saugenden Licht.
Frier den Moment ein,
wie kann meine Fantasie nur so brüchig sein?
Ich will mir ausmalen und wieder ausmalen
unseren endlosen Roman ohne Seitenziffern und -zahlen.
Als ich schließlich aufwache,
fühle ich mich allein und auch nicht allein,
ich erinnere mich an unser Traumwachen
und bemerke, ich schlief im Ballkleid.
Wir haben uns ein wenig Zeit gestohlen,
ich zehre davon, ich wachse daran,
der Duft der ewigen Erinnerung
klebt uns an Herzen und Sohlen.
Ich hab' dich hierher gerettet
für eine kurze Fußspur meiner Zeit,
bin mit dir um die Welt gejettet
ohne Begriff oder Begrifflichkeit einer Zeit.
Die Frage, die ich mir unaufhörlich stelle:
Könnte es genauso schön sein,
wenn du trittst mit lebendigem Körper
über meine Schwelle,
genauso schön wie als Märchenschein?
Oder will ich dich
weil du mir entgleitest?

Bild: Barbara Koller

Ich bin ein Mensch

Ich bin ein Mensch
mit Händen, die berühren wollen,
mit Füßen, die Erde spüren wollen,
in der Eintracht und im Clinch.

Ich bin ein Mensch
mit Pupillen, die erweitert-verträumt betrachten,
mit Wimpern, die ihren Schlaf bewachen,
in ihrer Suche und in ihrem Konsens.

Ich bin ein Mensch
mit Emotionen, die bewegen und aufkeimen,
die in ihrem Ausdruck unbewertet aufscheinen,
in ihrer Winterlichkeit und ihrem Lenz.

Ich bin ein Mensch
der essen, trinken und schlafen muss und will,
der sein körperliches Verlangen stillt,
in meiner lebendigen Tendenz.

Ich bin ein Mensch
in meiner Großartigkeit und meiner Unterdurchschnittlichkeit,
in meiner Leistungsfähigkeit und geringen Belastbarkeit,
ein Wesen mit meiner Essenz.

Ich bin ein Mensch,
der sich auf Abenteuer einlassen will,
der vegetieren will, ungedrillt,
unabhängig von gesellschaftlichen Trends.

Ich bin ein Mensch,
der in der Realität lebt,
der in Träumen davonschwebt,
der beides vereint und kennt.

Ich bin ein Mensch
mit herzförmigen Lippen, die Bekenntnisse machen,
mit einer Haut, die sensibel wahrnimmt im Kalten und Warmen,
ein Mensch, der durch seine Menschlichkeit glänzt.

Ich bin ein Mensch,
dessen Ohren metaphysisch-kuriose Stimmen küssen,
dessen Augen bei amourösen Küssen weinen müssen,
ein Herz mit meiner Frequenz.
Was bedeutet es, Mensch zu sein?
Viele Blickwinkel zu erleben,
schwierig und fein,
mit allen Gefühlen den Weg zu gehen.

Es ist schön
zu leben,
zu spüren,
mich zu geben,
mein Feuer zu schüren.

Es ist wunderbar
mit anderen zu teilen,
Teil zu sein von einer Freundesschar,
mit anderen Aufgaben zu bestehen,
ganz in mir zu verweilen
und die Momente voller Zauber zu sehen.

Meine individuelle Spiritualität

Ein spiritueller Mensch zu sein
ist für mich gleichzusetzen
mit der Reflexion meiner Persönlichkeit,
ist für mich automatisch zu vernetzen
mit der Aktivierung der Liebesfähigkeit,
unabhängig, ob andere mich schätzen,
mich mit abweisendem und bösartigem Neid
verhetzen und verletzen.
Ich glaube an die Liebe
und daran, dass wir um sie kämpfen dürfen,
mir ist dagegen einseitige Religiosität zuwider,
ich will keiner Glaubensrichtung bedürfen.
Verschreiben kann ich mich der positiven Energie,
ich kann versuchen, sie allerorts zu sehen
und aufzusaugen naturale Synergie,
offen in die Welt hineinzugehen.
Ich glaube nicht an einen einzigen Gott,
ich glaube an viel Gutes und Heiliges,
die Liebe hat viele Gesichter, ist polyglott,
das Leben ist etwas, woran jeder beteiligt ist.
Wohingegen, hätten wir alle nur ein Leben,
um uns zu entwickeln und zu reifen,
könnte es dann eine Gerechtigkeit geben,
könnten wir Fehler wiedergutmachen und aufgreifen?
Wir alle sind gut und richtig,
so wie wir jetzt gerade sind,
jeder Wunsch, wenn auch noch so egoistisch, ist wichtig,
ebenso wie die Obsorge über die Traurigkeit vom inneren Kind.

Meiner Anschauung nach
werden wir alle so lange die Erde bewohnen,
bis wir alle nach und nach
sie respektieren und nicht auf ihr thronen.
Bis wir mit jedem Lebewesen
im Reinen sind und uns versöhnt haben,
wird noch viel Zeit vergehen,
die Selbstverantwortung werden wir für immer tragen.
Und dennoch, ich glaube daran:
Am Ende wird alles gut werden,
wir werden frei und verbunden sein,
obschon wir manchmal unglücklich sterben.
Es wird der Tod nicht das Ende sein,
wir haben im Gegenteil alle Zeit der Welt
dazuzulernen und uns über neues Verstehen zu freuen,
im nächsten Leben sind die Karten neu zusammengestellt.
Zu denken, man würde
allein durch Glauben erlöst,
ist für mich ein Abwürgen
der eigenen Autonomie, man wäre
von der Eigenverantwortlichkeit losgelöst.
Jeder darf für sich selbst sorgen,
das Göttliche kann uns nur unterstützen und lieben,
doch können wir jemand anderem unsere Augen borgen,
wenn sie/er sich verläuft in den Unfrieden.
Wir sind alle ein großartiger Teil
eines größeren, umfassenderen Ganzen,
ob unsere Hänge sind frohsinnig und/oder steil,
wir werden eines Tages für immer glimpflich
im ewigen Glück landen!

Carpe diem –
Ein Tag wie ein gelebter Traum

Ich erlebe diesen Tag,
wie er durch mein Bewusstsein fließt,
besungen, respektiert und gewagt
will er, dass man ihn genießt.
Besungen in seiner Einzigartigkeit,
toleriert in seinen Grenzen,
gewagt in seiner harmonischen Möglichkeit
will ich mich seiner Schönheit zuwenden.
Tausende Glückschancen der Momente
eröffnet dieser Tag durch Einstellung,
will sich mir bedingungslos schenken
in seiner Energiearmut und seinem Schwung.
Heiter schicke ich meine Sorgen weiter,
der Tag ruft: „Übersieh die Liebe nicht!",
ich werde hoffnungsfroher und bereiter,
mich zu öffnen für sein Volumen an Licht.
Der Tag zeigt sich in angenehmer Vielfalt,
doch niemals überflutend oder überfordernd,
wenn ich ihm zuschreibe eine liebevolle Gestalt
mich selbst annehme, zärtlich und umsorgend.
Mich dem Tag anvertrauen,
ohne seinen Nutzen zu kalkulieren,
mich an ihm erfreuen und erbauen,
ihn mit Achtsamkeit verzieren.
Sinneswahrnehmungen, die meditieren,
strahlend-offene Augen, die sinnlich sehen,
Füße, die tanzend marschieren

in die Bescheidenheit des Wählens.
Träumen, lachen, bewusstes Erleben,
mich freuen über das größte Geschenk,
eben diesen Tag im goldenen Segen
ins Staunen über kleine-große Dinge gelenkt.
Alle Gefühle achten und zulassen,
Körper, Seele und Geist sind verbunden,
negative Gedanken vorüberziehen lassen
durch Aktivierung positiver Erinnerungen.
Auch wenn der Tag nicht dicht und intensiv ist,
selbst wenn Negatives nicht zu verhindern ist,
ich danke dir, Tag, dass du für mich da bist,
für mein Leben das zeitliche Fundament bietest
und ich verschwenderisch mit Augenblicken verwöhnt bin.
Deutliche Akzente setzen,
mich wie auf einer Luftmatratze sonnen und treiben lassen,
klare Entscheidungen treffen,
anstatt mich selbst verlierend zerteilen zu lassen.
Ich betone konkret, was ich will
und was ich brauche,
ich schütze mich vor dem, was ich nicht will,
ohne mein Gegenüber hasserfüllt anzufauchen.
Ein liebes Wort sprechen,
unangenehme Gefühle umarmen,
grüßen, winken, lächeln,
die pure Lebenslust erfahren.
Oh geliebter Tag, ich grüße dich morgens
in glücklich-neugieriger Vorfreude
und verabschiede mich dankbar abends
für die Inspiration der nächtlichen Träume.

Einmalig

Meine Ungeduld und meine Exzentrizität,
mein Aufgescheuchtsein und meine Überreaktionen
bergen eine unsagbar-unendliche Intensität
eines akzentuierten Profils und starken Emotionen.

Ich ringe um Anerkennung und Beachtung,
ich kämpfe wie eine Löwin um Liebe und Romantik,
Kritikunfähigkeit ist mein Schwachpunkt,
mein Nervenkostüm ist seidig dünn, aber samtig.

Denn Mitgefühl, Fantasie und Toleranz
wachsen daraus im überwältigenden Überfluss,
Traumwelten erstrahlen in ihrer Anmut Glanz,
zu Leidenschaftlichkeit und Natürlichkeit zu inspirieren
ist mein Geschenk an die Welt, mein Blütenkuss.

Die Sehnsucht nach Zartgefühl und Lebendigkeit,
die Suche nach einem liebevollen, größeren Ganzen,
ein Teil von diesem zu sein in dieser Wirklichkeit,
auf dem Parkett der Trauer unbeschwert zu tanzen.

Instabilität, Hochsensibilität und Unruhe,
die Extreme und die fehlende seelische Balance
sind gleichzeitig auch magische Zauberschuhe,
denn sie fordern Reifung und bieten Lernchancen.

In meinem unaufhörlichen Wunsch und Bestreben
an verschrobenen weltlichen Werten zu schrauben,
will ich als rebellische Fee wirken und etwas bewegen,
einst sterben als eine Frau, die die Welt verzaubert.

Ein Lächeln …

… vertreibt traurige Tränen und Kummer,
lässt deine Freude erblühen,
wartet in dir schlummernd,
doch darfst du dich um es bemühen.
Es ist eine Einstellungsfrage,
wie du dem Leben begegnen möchtest,
unabhängig von deiner
psychischen Witterungslage
gibt es niemanden,
dem du es nicht schenken könntest.
In deinem Urvertrauen erlebt es seine Blütezeit,
in deiner Verbissenheit verzerrt sich
sein Gesichtsausdruck,
in deiner Freundlichkeit zum Fingerspitzengefühl
ist dein Lächeln
aller Traumverwirklichung Anbruch.
Jedes neugeborene Lebewesen
ist durch seine Geburt
das Lächeln dieser Welt,
seine sensible Unerfahrenheit ist gläsern,
muss willkommen geheißen werden
mit einem Lächeln, strahlend hell.
Ein Lächeln kann leise und beschaulich sein,
kann zaghaft und sanft entstehen,
darf auch schallend und brüsk sein,
den ganzen Körper mitreißen
vom Kopf bis zu den Zehen.
Es lässt manchmal Freudentränen fließen,
es macht dich zugänglich und sozial,
du darfst es mit ehrlicher Natürlichkeit gießen,

es bewirkt Lebensbejahung und ist vital.
Du kannst Gutes und Schlechtes sehen
in anderen und in dir selbst,
du kannst in freier Entscheidung wählen,
wie du an die Welt anknüpfen willst.
Ein Garten lächelt in seinem saftigen Grün,
ein Lavendelstrauch in seinem herb-würzigen Duft,
in welcher Eigenschaft möchtest du
lächelnd erblühen?
Ist es vielleicht deine unbändige Lebenslust?

Der eindrucksreiche Ausflug auf diese Erde
dient dafür, ein wunderschönes Lächeln
zu entwickeln,
denn die ewige Reifung durch „Stirb und Werde"
schafft neue emotionale Intensität –
regsam und prickelnd.

Liebeswunschträume am Meer

Deine Arme ummanteln mich zärtlich
auf unserer unberührt-abgeschiedenen
Liebesstrandnestveranda,
ein liebevoll einiger Pfad bahnt sich,
wo dein Herz nah an meinem wandert.
Meine krönendste Fügung bist du,
mein gelichteter, bildgleicher Meereszugang,
du machst aus wenig einen ozeanischen Krug,
du heilst meine Wunden mit Zaubertränengesang.
In Tränenwellen spülst du mich
in das Reich deiner Herzensmuschel,
Sonnenstrahlen verlieben sich
leuchten miteinander im ewigen Kuscheln.
Der Himmel und das Meer
träumen im selben Blau vor sich hin,
vereinigen sich zu einer Farbnuance, singulär
widerspiegeln aller Urexistenz Anbeginn,
ersehnen sich unsere verschmolzene Heimkehr,
sind unser unumgänglicher Reiseroutenring.
Eine nicht enden wollende Umarmung,
gefolgt von der Vision eines untrennbaren Kusses,
wir beide als lebendige Sandskulptur in Verwandlung,
ein unbefleckter Moment trotz Salzwassergusses.
Wir sind ein rostfrei-farbenfreudiges Instrument,
auf dem die Regentropfen tonige Liebeslieder trällern,
wir sind die Flut, das fließende, florale Ornament,
das eine gemeinsame Welt entstehen lässt
in opulenten Aquarellen.

Du bist das Chlorophyll der Palmen,
du bist das weiße Fruchtfleisch der Kokosnuss,
du bist meine Halskette aus balsamischen Halmen,
du bist das Rettungsboot auf wildem Fluss.
Ich liebe den Streuzucker verhangenen Wolkenhimmel,
auf dem ich deine geschwungenen Liebesbotschaften lese,
aus dem geheimst-verborgenen Horizontwinkel
schickst du das Vergissmeinnichtsträußchen
aus sorgsamster Auslese.
Der Pool mit marmornem Pavillon,
wir beide klitschnass unter seinem Schirm,
das Wasser tröpfelt allseits im Kanon,
erschimmert schallend als Klaviersonatengestirn.
Du bist das Kissen unter meinem Körper,
derweil ich kontemplativ in der Strandliege träume,
bist du der mich empfangende Ätherspförtner,
den ich, die Augen schließend, sehe
in meinen Sommerträumen.
Du bist der kontinuierlich mich begleitende Drache,
den ich flattrig in die Höhen steigen lasse,
du fliegst immer mit mir als meine Schutzwache,
wohin ich auch gehe, einsam und in der Masse.
Unsere andachtsvolle Liebe am Meer
ist eine Bootsfahrt durch sanft-süße Gewässer,
ist das Segelflugzeug im Himmelskörperluftverkehr,
wir sind die unverbesserlichen Weltvergesser.
Deine sensible Sprache mir gegenüber
ist ein einziges, schmeichelhaftes Kompliment,
deine Treue und Beharrlichkeit hierüber
das stärkste und tugendsamste Firmament.

Doch unter Ausschluss von Druck und Bedrängnis
schenkst du mir deine Aufmerksamkeit,
mit viel Geduld, Traumgespür und Verständnis
bist du die bedingungslose Wachsamkeit.

Ich liebe dich,
die Liebe zu dir verselbstständigt sich,
sie hat alle Macht der Welt über mich,
denn wo immer ich auch bin,
ich kann nicht sein ohne dich,
du relativierst fremde Grausamkeit geschwind,
dafür liebe ich dich unendlich,
ich, die ich auch dieses Jahr von dir
gestreichelt werde durch Strandduft und Meereswind.

Ich sehe in deinen Augen …

Ich sehe in deinen Augen
die Schönheit und Intensität deiner Emotionen,
ich spüre, wie sie in ihnen schaukeln,
in ihnen aufblitzen und sie krönen.
Deine Augen betrachten dich,
lächeln dir im Spiegel zurück,
ein Nachthimmel ist dein Gesicht,
mit leuchtenden Augensternen geschmückt.
Ich sehe sie am Berggipfel
des Glückes und der Freude taumeln,
über ihr eigenes Kabarett witzeln
wie Kirschen am Baum baumeln.
Das Gefieder deines Teints,
das glänzende Blau der Meeresoberfläche,
ihr Schließen das Träumen deines Trains,
eine unendliche Geschichte ihre Tränenbäche.
Aus ihnen träufelt dein Ich,
du bist es, die du erwartest,
du bist dein Verteidiger vor höchstem Gericht,
du bist der Retter, auf den du wartest.
Vertraue auf deine Augen,
sie wollen dir sagen:
„Du darfst an dich glauben
und in deine Fülle ragen."

Zwischen uns ...

Zwischen uns eine unüberbrückbare Distanz,
unsere Köpfe versteckt hinter weißen Chiffontüchern,
eingeschlossen in farbenmattem Schrank
küssen wir uns als zwei gesichtslose Masken,
als wortlose Bücher.

Zwischen uns die beschnuppernde Erkundung
als tonangebende Kraft,
untergegangen in uns
die telepathischen Zeilen,
geheiligtes Vertrauen in unserer Leidenschaft
trotz vermummter Gespensterhaftigkeiten.

Zwischen uns die grobstofflichen Schichten,
in uns feinstoffliche Bewusstseinsebenen,
wir können uns die Äußerlichkeit des anderen
nur erdichten,
obgleich göttlich-mystischer Küsse
unter den Lebenden.

Zwischen uns die Erde,
ober uns der Himmel,
mit uns die Liebessprache der Gebärde,
unsere Häupter so weiß wie ein Schimmel.

Zwischen uns die spüren wollende Sehnsucht,
hinter den Tüchern unsere ganze Haut,
die liebkost werden will in leidenschaftlicher Wucht,
unter und zwischen uns
das aus der Trockenheit auferstehende Laub.

Zwischen uns die seidigen Berührungen,
unsere Körper eingekleidet in konventionelle Gewänder,
verwickelt in unsere gegenseitigen Verschnürungen
verschwimmen wir ineinander, ohne Konturen und Ränder.

Zwischen uns die perfekt ausgemalte Liebe,
eben weil wir uns nicht sehen,
der Fantasie sind keine Grenzen gesetzt hierüber,
denn wir müssen nicht mit unseren
Ecken und Kanten umgehen.

Zwischen uns ein verwunschener Hollywoodfilm,
in uns die Sehnsucht nach Bestehen im Alltag,
unter uns das bunt-verstreut-vertrocknete Schilf,
über uns der kosmische Auftrag.

Unter den chiffonweißen Tüchern
ist so viel Leben-Wollen,
eine ganze Palette an Gefühlen
in unseren Köpfen,
die ausschweifend-wortreichen Bücher,
sie erzählen von ungesagten Gedanken,
von so vielen …

Lass uns gemeinsam unsere Tücher abnehmen,
hinter denen wir vor Ablehnung zittern,
lass uns unsere Ängste ansehen,
die das pure Leben wittern.
Vielleicht wird unsere Liebe dann echter
und wir können in der Gewissheit,
geliebt zu sein, ohne spottendes Gelächter
uns in die Augen sehen unter Ausschluss von
Aufmachung und Unmerklichkeit.

(Zu dem Bild „Die Liebenden" von René Magritte, 1928)

Prinzipien von A-Z

In allen Lebensbereichen die AUFRICHTIGKEIT anstreben,
die BEWEGLICHKEIT von Geist und Seele leben,
die CHANCENNUTZUNG, mich zu entwickeln, schätzen,
unterschiedliches DENKEN vernetzen,
die EINFÜHLUNG in alle Lebewesen,
die FREIHEIT, zu wählen und auszulesen,
bei allen Lebensformen die GLEICHWERTIGKEIT erheben,
mit HUMOR Problemen begegnen,
die INTEGRITÄT des eigenen Selbst feiern und ehren,
das JENSEITSBEWUSSTSEIN nicht mit Borniertheit beschweren,
mit mir selbst und anderen ehrlich in KONTAKT treten,
die Grenzen der irdischen LIEBE übertreten,
für Werte und Überzeugungen mit MUT einstehen,
zulassen, dass NÄHE entsteht,
die OFFENHEIT, Neues auszuprobieren,
der PHILOSOPHIE eine Hymne widmen und artikulieren,
die QUIRLIGKEIT der Welt rühmen und anerkennen,
jeden Namen mit RESPEKT nennen,
SENSIBILITÄT als schön empfinden,
mit TIEFGRÜNDIGKEIT die Oberfläche überwinden,
in UNABHÄNGIGKEIT eigene Entscheidungen treffen,
eine Atmosphäre des VERTRAUENS schaffen,
die WAHRHEIT ungeschminkt ans Licht dirigieren,
in XENOPHILIE auf Andersartigkeit reagieren,
YIN UND YANG, die in der Seele fusionieren,
in mir selbst und ebenfalls in anderen,
das ZARTGEFÜHL und den ZORN akzeptieren,
wenngleich wir all das nicht immer schaffen ...

Mein stiller Prunk und Pomp der Gefühle – Ich liebe dich

Ich liebe dich,
deine aus unseren Herzblutträumen
neu erwachten Augen sehen mich.
Sie sehen mich an
und fragen mich,
unschuldig und geduldig,
wie ich ohne dich leben kann.
Ich vermisse dich
durch das gesamte Weltall hindurch,
ich vermisse mein traumversonnenes Ich,
das sich ohne Berechnung und unüberlegt
der Liebe hingab.
Meine durch Nichtträumen
ausgeleerte Fantasie
sehnt sich zurück …
denn jeder unliebende Augenblick
ist ein unwiederbringliches Versäumnis,
jedes Sich-Verlieren im Alltäglichen,
jedwede schlichte Billigung meiner Wünsche,
ohne Konzentration auf ihre Erfüllung,
ist ein Beschreiten des Terrains der Apathie.
Ich liebe dich wirklich,
doch ich befinde mich
in einer Empfinden-Können-Bremse.
Meine aus der Versteinerung
aufkeimende Sehnsucht

ist ein Tsunami,
der meine Trostlosigkeit
hinwegzufegen vermag.
Sie ist auch der unbeirrte Seismograf,
der mir Auskunft darüber gibt,
wann ich abzustumpfen drohe.
Du und ich,
wir sind die Kopplung
aus Luft und Körper,
aus Weltlicht und Fernweh.
Du gibst mir die beflügelnde Referenz dafür,
dass meine Träume und mein Weg
unleugbaren Sinn machen.
Du bist mein Motor und Motivator
zur vollkommenen Liebe.
Die Erinnerung an dich
fliegt immer weiter
und weiter weg,
wird weniger und weniger.
Ich vegetiere vor mich hin
und will dich zurück.
Ich will wieder dein sensibler Zuhörer sein.
Aber die Erde hat mich auf dem Gewissen.
Ich liebe dich
durch alle unverheißungsvolle,
begrüßensunwerte Verdrängung hindurch.
Ich brauche dich,
gerade jetzt,
wo meine emotionale Schlaffheit
dich abwürgt.

Ich liebe dich.
Auch wenn ich es nicht fühlen kann.
Ich hab' dich nicht vergessen.
Das könnt' ich nie.

Alltagsgeschichten –
Jenseits der Harmonie

Heute ist ein bescheuerter Tag,
weil ich mich heut' selbst nicht mag,
fühl mich nervig geplagt,
bin über meinen faden Trott verzagt.
Schon in der Früh wacht' ich auf,
total lustlos und geschlaucht,
Kopfachterbahn – runter und rauf,
stand mit dem falschen Fuß noch auf.
Wütend über den Lärm im Haus
bringe ich trotzig den Müll hinaus,
verflixt noch einmal, die Luft riecht verraucht,
über meiner Leber definitiv die Laus.
Oh nein, ich will die Straßenbahn erreichen,
renne los, will alle verscheuchen,
will den besten Sitzplatz für mich verzeichnen,
die Straßenbahn fährt los, mir entweichend.
Super, volle drei Minuten warten,
da kann ich ja inzwischen eine Weltreise machen,
das war sicher absichtlich eine der beklopptesten Unarten
und wie diese jugendlichen Schlaffis über mich lachten!
An meinem angeblichen Ego und meiner Ungeduld
sind definitiv nur die andern schuld,
ich selbst bin ein Vorzeigeexemplar der Huld,
verantwortlich ist nur dieser Tumult.
Verdammt, ich hab' den Schirm vergessen
der Regen will mich schon wieder durchnässen,
so ungerecht sind des Wetters Launen und Fesseln,

tobend versuche ich meinen Jähzorn hinunterzupressen.
Begossen wie ein bockig-eingeschnappter Pudel
muss ich nun nach Hause hudeln,
die Regenlatsche muss mich noch besudeln,
meine ganze Frisur ist zusammengeklatscht-vernudelt.
In meiner Starrköpfigkeit und meinem Eigenwillen
würd' ich am liebsten das Radio killen,
nein, alle wollen mich beeinflussen und drillen,
meine wahren Bedürfnisse überhaupt nicht stillen.
Ach, dieser Planet hat sich gegen mich verschworen,
hat mir all meine Lustigkeit abgeschoren,
ich bin darüber verärgert, wie unverfroren
jeder sich selbst hat zum Nächsten auserkoren.
Langsam fange ich zum Nachdenken an,
dieser Tag ist schon so lang,
es gab heut' auch vieles, was mir gelang,
an meiner Sichtweise – ja, da hängt einiges daran.
Doch vielleicht sind meine Wut,
meine Widerspenstigkeit und mein Unmut
auch reinigend und für etwas gut,
ich zieh' vor allen meinen Gefühlen den Hut!
Denn durch sie bin ich lebendig,
ich kann nicht nur nett sein und anständig,
bin nicht nur starr und beständig,
dieser Tag beweist es: Ich bin wendig!
Und trotzdem war dieser Tag
voller nervig-lästiger Plag',
doch morgen ist wieder ein neuer Tag,
an dem ich selbstliebend und fröhlich sein mag!

Ich sehe dich an

Ich sehe dich an,
will dich wirklich verstehen,
ein gemeinsam entstehender Anfang
will unsere Beachtung erflehen.
Unmittelbar die Angst,
vor dem Risiko zu leben
alle Gefühle, ob mit Scheu oder Drang,
erkennen und wertneutral wahrnehmen.
Noch mehr Furcht haben wir davor,
vom Leben verstreut zu werden,
zu fühlen wie im Akkord,
von Fallstricken geknebelt zu werden.
Nicht vom Leben gelebt zu werden
bedeutet, bewusst innezuhalten
und sich hinwegtragen zu lassen von Pferden,
das eigene Selbst gesattelt und umarmend gehalten.
Doch welche Richtung und welcher Weg
sind für uns entwicklungsreich und richtig?
Sobald wir ein Ziel haben, ist es zu spät
und wir sind nach Ambitionen süchtig.
Vielleicht können wir unsere Angst überwinden,
wenn wir uns ungezielt treiben lassen,
unkonzentriert, aber berührt im Uns-Binden,
den Ritt in die Freiheit der Wildnis nicht verpassen.
Ich sehe dich an,
richte die Fackel meiner Neugierde auf dich,
auf deine innere Mitte und die Emotionen am Rand,
meine verletzlichen Träume überwältigen mich.
Ich sehe dich an

und ich beginne, dich zu verstehen,
weil ich einst begann,
mich selbst einfühlsam zu verstehen.
Und die Angst?
Auf zu den Pferden!
Auf ins ungewisse Land!
Schließlich wollen wir vom Abenteuer
Liebe gefunden werden!

Innere Stimmen – Energiekurbeln und Ausbeuter

In einem Landteil meines Bewusstseins
bewohnt und bewacht ihr meine Seele,
jenseits von weltlichem Wirken und Schein
seid ihr aus mir sprechende Himmelsgestirngemälde.
Soll ich es als Zusage und Kompliment
empfinden, einordnen und betrachten,
dass eure Neugierde und eure Aufmerksamkeit konsequent
und ausschließlich nach mir trachten?
Anteile in mir, die totgeglaubt sind,
Worte in mir, die unbewusst totschweigen,
innere Schmerzen, die totgehofft sind,
die eure lebendigen Porträts an die Oberfläche treiben.
Ihr sendet unverhofft emotionale Signale,
mein Bewusstsein missbraucht ihr als Bildschirm,
im abendlich stattfindenden Finale
liefern sich der Prinz und der Hulk ein Duell im Gehirn.
Mein Druck auf mein Selbst,
wie irrsinnig gut und wie wenig wütend ich sein soll,
ist wie ein Stein, der sich vor mein Glück wälzt,
den ihr akustisch vor meinen Tunnel rollt.
Ihr seid die Sprecher aktueller, verschlüsselter Nachrichten,
ich bin euer Sprungbrett und Sprachrohr,
euer intern verbalisierendes Mikrofon,
ihr kämpft euch ringend aufs Podest mit Gruselgeschichten,
wirbelt in mir als unreflektierter Gefühlstornado
und als auf der Überholspur rasender Gedankenmarathon.

Aus der niederträchtigst-geschmacklosesten Kloake
sprintet ihr empor zu meinen Ohren,
wie glitschig mich umschlingende Kraken
wollt ihr bezirzend in Unannehmlichkeiten bohren.
Worte wie Nadelstiche,
mein Geist als Voodoo-Puppe,
Worte wie Liebesspritzkerzenlichter,
von mir aufgesaugt wie ein Glitzerfunkenkuss.
Ihr zehrt von meinem Leben,
könnt nur existieren, wenn es mich gibt,
ihr ernährt euch von meinen Schuldgefühlen hingegen,
von meiner Zerrissenheit, die ihr offenlegt.
Ihr seid das Wundergift in meinen Adern,
ihr seid das Doping, das mich high macht,
dem seelischen Herzstillstand bin ich oft nahe,
dennoch habt ihr mich auch zu Höchstleistungen angestachelt.
Was soll ich euch oder mir selbst beweisen?
Wie soll ich mich unzermahlen bewähren?
Was immer ich tue, würdet ihr jemals weichen?
Und will ich jemals mir gehören?
Würden Leere und Einsamkeit mich begleiten?
Oder würde ich mich in Liebe ganz zu mir selbst bekehren?

Unsere Promenade der Liebe

Die Liebe zu dir
ist wie eine Rosenallee zu mir
und schenkt mir ein Sonnengesicht,
ich liebe mich ebenso wie dich.
Ich erkenne meine Tiefe und meine Weite,
ich entfalte mich in deiner Schulterbreite,
ich komme in Berührung mit mir
und wecke dasselbe in dir.
Ist das nicht wunderschön?
Ineinander verwoben zu vergehn?
Sich zu öffnen für die ganze Welt
in Güte, ohne verbittertes Gebell.
Ich träume heute von dir,
in jenem Moment schenkst du dich mir,
wir überleben alle Vergänglichkeit,
unsere Liebe kennt keine Grenze der Zeit.
Weil ich mir meiner und deiner sicher bin
vom Erdboden bis zu den Sternen hin,
kann ich mich und dich loslassen,
ich weiß, du wirst mich nie verlassen.
Wir vergessen alles um uns herum,
wir brauchen weder Motiv noch Grund,
um hinter den Mond zu schauen
uns dort ein Schloss zu bauen.
Wir kämpfen gemeinsam für Gerechtigkeit,
wir animieren uns zu aufmerksamer Achtsamkeit,
du inspirierst mich zu innerer Schönheit,
mit dir bin ich von Dämonen befreit.
Ich erwache in deiner Umarmung,

ich lasse mich fallen in deine Umgarnung,
der Himmel schickt uns seine Strahlen,
mit denen wir unser Hochzeitsbild malen.
Wir vertrauen uns einander an,
du hast Wundervolles an mir getan,
ich kann es dir immer glauben:
Unsere Glanzmomente werden nie verstauben!
Zärtlich und fein wie eine Orchidee
bist und bleibst du mein welkfreier Glücksklee,
danke, dass du mich verstehend siehst,
danke, dass du mich beschützend liebst.

Bild: Barbara Koller

Der Dschungel
meiner Wahrnehmungen

Ich gehe nicht, ich wandle leichtfüßig,
ich bin wacher, wenn ich schlafwandle,
ich stehe nicht, ich schwebe barfüßig,
ich bin echter, wenn ich mich verwandle.
Ich sehe nicht, sondern ich male mir aus,
ich bin präsenter, wenn alles verschwommen ist,
ich sehe im Dunkeln wie eine Fledermaus,
ich bin heller, wenn mich das Dunkel umschließt.

Ich höre nicht eine Stimme,
ich sinne verträumt dem Kosmos entgegen,
ich fühle mich mittiger,
wenn meine Ohren überallhin geöffnet sind,
ich taste mich nicht voran
ich ertaste mein inneres Wesen,
ich bin ein Fabelwesen,
bezwingend den zischendsten Wirbelwind.

Ich zerrieche keine Gerüche, ich bin immun,
ich rieche die Traumgestalten der Engel,
ich schwimme nicht, ich gleite über den Monsun,
ich tauche nicht durchs Meer,
sondern durch meinen eigenen Dschungel.
Ich schmecke nicht, sondern ich fühle Licht,
ich träume nicht nur nachts, hingegen auch tagsüber,
ich bin realer ohne weltliches Gewicht,
ich wärme und sensibilisiere meine Fühler.

Ich gehe aufrecht,
ich stehe im Leben,
ich sehe wie ein Specht,
ich höre Sonne und Regen.
Ich tauche wie ein Hecht,
ich schmecke das Essen und Reden,
ich verbinde mich mit all meinen
Sinnen und Wahrnehmungen,
mit allem, was in mir jubelt und ächzt
und gehe meiner persönlichen Wahrheit entgegen.

Eine Türe öffnet sich …

Einst verschollen in einem düsteren Raum,
schlafend, vegetierend auf muffeligem Boden,
mein Selbstwert ein zerfließender Schaum,
ohne Fenster und mit Wänden, die vermodern.
Der Schaum der Sehnsucht vor meinem Mund,
der Tagesablauf eine monotone Endlosschleife,
die Augen vor lauter Einfalt wund,
alles ist schmutzig, obwohl geschrubbt und gebürstet
mit frischem Shampoo und Seife.
All meine Ziele bleiben lediglich
ein ängstlicher, unverwirklichter Traum,
meine Gefangenschaft in der Falle unendlich,
indirekt proportional zur Enge des Raums.
Die einzige Möglichkeit zu entkommen
scheint die dunkel-zerschlissene Tür zu sein,
mich zumindest zum Stehen emporgerungen,
fühle ich mich unter ihrer Bedrohung klein.
Diese Türe – so gewaltig und unerbittlich
will ich öffnen – trotz meiner Furcht,
obschon sie wirkt unüberwindbar
und unerschütterlich,
ihre Gestalt wie eine erschlagende Wucht.
Ich lege meine Hände zögerlich
auf die Türinnenseite und auf die Türklinke,
meine Gedanken in herzrasendem Stöbern
in denen ich, beinahe aufgebend, fast ertrinke.

Eine Türe öffnet sich
und ich sehe mein verdrängtes, totgedachtes Ich,
ich spüre meine Ganzheit, mein inneres Licht,
die Angst bekommt ein unbegründetes Gewicht.
All das, was sich gegen mich aufzutürmen schien,
war mein Begleiter, mein Beschützer, mein Freund,
es hat mir eine neue Wahrnehmungsfähigkeit verliehen,
meine leere, unterdrückte Emotionalität
ist wieder fähig, dass sie weint.

Die geknechteten und beängstigenden
Anteile und Seiten
wirkten bedrohlich und unvereinbar auf mich,
doch sind sie die einzige Chance,
heil und ganz zu werden,
und ich sehe gereift und geerdet mein Ich.

Das Öffnen einer Tür
kann das Sprungbrett aus einer Flucht
sein hin zu mir und dann zu dir,
hin zur Ernte meiner vollständigen Herzensfrucht.
Eine traumatische Schwere löst sich,
auseinanderstrebende Pole versöhnen sich,
ich finde mich,
ich empfinde viel für mich.

Urlaub ohne schlechtes Gewissen

Immer wenn mein Leben stumpf scheint,
abgedroschen, eintönig und unfrei,
dann träume ich mich hinweg in den Sonnenschrein
wünsche mir Urlaubsfantasien herbei.
Der Müdigkeit so richtig Platz geben,
ihr die Gelegenheit verschaffen, sein zu dürfen,
das Ausspannen und Erholen,
ein so angenehmer Segen,
ebenso wie das spontane Tagesplanwürfeln.
Einfach in den Tag hineinleben,
ungebändigt sich den Sonnenstrahlen hingeben,
einfach in das Meer hineintauchen,
keine Regeln und Stimmungskiller brauchen.
Feinherziger Sand, durch den ich laufe,
Palmen, die mir hellen Schatten schenken,
meine Paradiestunika mit bunten Schlaufen,
meine Sommersehnsucht nähren und tränken.
Im Hotel eine Versorgung wie im Schlaraffenland,
ach, warum gibt es dies nicht für jeden?
Warum sind Sommer, Sonne, Meer und Strand
so teuer zu begleichen allerwegen?
Es ist so jammerschade,
dass für so viele dies nicht leistbar ist,
man muss für alles bezahlen,
auch wenn die Verteilung ungerecht ist.
Trotzdem werde ich meinen Urlaub genießen
und ebenso andere nicht vergessen,
ich kann die Welt nicht retten, nur lieben,
ich will meinen Beitrag beisteuern und mich verbessern.

Den Hafen verlassen

Die Anker der Einfältigkeit lichten,
die Segel setzen in Richtung Mannigfaltiges,
nichts als bloßes Wasser sichten,
in allen Richtungen unendliche Weite.
Weg entsteht Schritt um Schritt
unter meinen auf Wellen gleitenden Füßen,
zurücklassen jegliches vertraute Relikt,
einen unvergleichlichen Kurs einschlagen,
anstatt mitzufließen.
Der Angst vor Unangepasstheit nicht nachgeben,
die Route der seelischen Individualität finden,
alles fühlen, mich freuen und mich aufregen,
meine Meinung unzensiert und bar verkünden.
Meine Stimmung ist wie ein Segelboot,
das mit dem tiefsinnigen Meer
von Nordost bis Südwest flirtet,
sieht mit jeder Erlaubnis und ohne jedes Verbot
die Freude am reichhaltigen Fühlen als Fährte.
Niemand, der mir im Nacken sitzen darf,
alteingesessene Pfade bevölkern zu müssen,
alles ist neu und ich bin frisch und unbedarft,
ich verstecke mich nicht hinter festgefahrenem Wissen.
Aus dem Hafen der Sicherheit auslaufen,
mich auf das Abenteuer Lebensbegierde einlassen,
unbekannte Natur und Natürlichkeit kennenlernen,
im Mich-Verlaufen
meine geradlinige Zielstrebigkeit verlassen.
Jeder Tag ist ein leeres Blatt,
dessen Geheimnis ich beschriften kann,

selbst in seiner Oberfläche hügelig und nicht glatt,
beflügelt von seiner Gestaltungsmöglichkeit
male ich Klekse aus Blütenstaub und Schlamm.
Ich begebe mich auf die Reise,
auch wenn ich nur schlafe und esse,
denn das Leben durch sich alleine
transformiert mich zu Farbe trotz aller Blässe.
Ich ereigne mich in jedem Moment neu
in einem unkontrollierbar-fortlaufenden Prozess,
entstehe und wachse wie blutjunges Efeu
mache ebenso im Stehenbleiben einen Progress.
Und eines Tages werde ich verwelken und vergehn,
doch vorher segle ich in den purpurnen, goldroten
Sonnenuntergang, ohne etwas anderes zu sehen
als mein Leuchtboot, schwenkend auf den glänzenden Wogen.

Eine weihnachtliche Wahrnehmung

Der Schnee, der auf den Dächern
leise verweilend vor sich hin träumt,
während nachdenkliche Menschen in ihren Gemächern
die Stille genießen, die lichtvoll in ihnen aufkeimt.
Sternspritza, die glitzernd-goldenes Licht rieseln
auf Tannenbäumen, die jedermanns kindliches Herz berühren,
mit Wachskerzenschein und glänzenden Kugeln
die Besinnlichkeit vertiefen
und die das Fest der Liebe und des Friedens küren.
Jeder Mensch trägt das Christkind in sich
in allen Gefühlen und Stimmungslagen,
es gibt viele Menschen, die freuen und/oder streiten sich,
es lohnt sich, die Sehnsucht nach Weihnachten zu wagen.
Sich selbst zu schenken
ist die Botschaft vom Heiligen Abend,
Vertrauen, Zeit und Treue zugedenken
am Leben anderer Anteil nehmend.
Und an etwas zu glauben
an eine kosmisch-vollkommene Energie,
die uns öffnet Ohren und Augen
für unseren Reifungsprozess in geduldig-liebevoller Choreografie.
Allen Lebewesen in diesem Universum
das Herz und alle Sinne öffnen,
positive Wünsche und herzliche Gedanken als Elysium,
Feindseligkeit verwandeln und umlenken dürfen.
Weihnachten ist eine wunderbare Gelegenheit
sich auf das Wesentliche zu besinnen,
mit Achtung, Wertschätzung und Dankbarkeit
alles im Leben Geschenkte zu besingen.

Wie kann das Christkind im Alltag überleben?

Das Christkind in die Seelen einladen,
um seine geborgene Wärme und Tugendehre zu spüren,
seine leuchtenden Augen, die sich auf uns übertragen,
die ein Lächeln zaubern und den Kummer
ins Gegenteil verkehren.
Das Christkind ist ein durch Bescheidenheit glänzender Star
dem bedingungslose Großzügigkeit ein Anliegen ist,
doch anstatt flitzend im Jaguar
oder geschmückt mit aufwendigem Accessoire
ist es greifbar in jeder Stelle des Lichts,
es fliegt, Leichtigkeit ausströmend, durch die Atmosphäre
jetzt und für immer fortwährend.
Es verfolgt den selbstauferlegten Auftrag
uns zu verzaubern und glücklich zu machen
und dort! die Weihnachtsbaumspitze, aus der es hervorragt,
um uns zu beschenken und zu inspirieren in Gefühlssachen.
Schließlich, um sich vorzubereiten,
schwierige, komplizierte Gegensätze verbindend zu erkunden,
es kann sich zu jeder Zeit überall befinden und ausweiten
und schon ist der Lichtblitz wieder verschwunden.
Keiner muss ein Medium sein,
um mit dem Christkind zu kommunizieren,
allerorts wo wir helfen bei Armutsdrama und Leid
und verbreiten auch nur kleine Bildnisse der Freud',
wird es unsere Gesichter zieren.

Nun ist es an uns allen
seine Träume aufrechtzuerhalten im ganzen Jahr,
seine visionären Ideen sollen nicht verhallen,
sondern sich in uns entfalten, genauso unendlich zart.

Unter der glänzenden Wintersonne
und im duftenden Wasser der Badewanne
all unsere Gemüter baden und aufwärmen,
Weihnachten lebendig halten in kurzweiligen Tagträumen.

Schneeflockenhochzeit

Reinweiß wie eine Schneeflocke,
glasklar und durchsichtig
wie ein Regentropfen
schwebst du in die unendliche Weite
der Winterlandschaft davon,
während ich dich angreife,
vermisse ich dich schon.

Immer wenn ich dich festhalten will,
bist du mir augenblicklich
zwischen den Fingern zerronnen,
entgleitest schleichend und wortlos-still,
ich träume unterdessen
von unserem nächsten Abenteuer
schmachtend, glimmend und versonnen.

Ein Wintermärchen wird lebendig,
du bringst es mir nah,
machst es mir wahr,
wie ein Gedicht – aufgesagt
umwerfend-eloquent-auswendig.

Überall, wo ich Natur spüre,
verbirgt sich dahinter dein Antlitz,
allerorts, wo ich das Schauspiel
des Wetters erfahre,
trifft mich deine Liebe
wie Donner und Blitz.

Du lässt die Schneeflocken für mich tanzen,
die als niedergefallene Sterne ausfransen,
lässt sie mich für einen Moment
in ihrer Vergänglichkeit berühren,
du kannst kahle Bäume und Sträucher
mit ihren Schneekristallkugeln
schmücken und küren.

Durch den atemlosen Himmel,
der von einer Nebelmauer bedeckt ist,
scheinst du als sanft-milder Lichtschimmer
und das einsame Eis in meinem Herzen
schmilzt.

Eines Tages werde ich selbst
im Winter meines Lebens erkahlen
und dann endlich dich sehen,
im Grab wirst du es sein,
der mich hält,
bis wir gemeinsam als Schneeflocken
wiederkehren und vergehen.

Nah am Wasser gebaut

So vieles geht mir unter die Haut,
alles Lebende berührt mich,
dessen Leid, das sich zusammenbraut,
ebenso wie die Früchte des Lichts.
Meine Tränen befruchten meine Fantasie,
ich will sie freigebig strömen lassen,
meine Intensität lebt von ihrer Alchemie,
auch wenn sie nicht auf Kommando prasseln.
Manchmal bin ich der ausgetrocknete Brunnen,
der sich nach seinem Tränenwasser sehnt,
dann wieder spüre ich meine Emotionen summen
und ich bin der Leuchtturm,
der nah am Wasser gebaut steht
und dessen Strahlen
den Wellen unter die Haut gehen.
Wenn die Erfüllung eines längst verstaubten Traums
plötzlich zum Realisieren nahe ist,
wenn das verrückte Spiel eines Clowns
ein Kinderlächeln zaubert
und sich wie eine Therapiegeschichte liest,
wenn ein hässliches Entlein sieht,
dass es keine Verwandlung nötig gehabt hätte,
weil es in jedem eine Schönheit gibt,
die sich im Herzen einbettet
– all dies ist meiner Rührung Schmied.

Wenn sich trauriges Weinen
in glückliches Weinen verwandelt,
wenn ich sehe und fühle
dass es sich bei scheinbaren Feinden
um kein unlösbares Problem handelt ...

... das und noch vieles mehr
geht mir ungeschmälert unter die Haut,
mein Herz ist wie ein
wetterfühliges Haus am See:
Es ist sehr nah am Wasser gebaut.

NACHWORT

Wenn ihr euch darauf eingelassen habt, dieses Buch zu lesen,
dann habt ihr vielleicht eine Ahnung davon bekommen, wie meine
Erfahrungswelt aussieht, welche Themen und Emotionen mich in den
letzten Jahren beschäftigt haben.
Kunst ist etwas sehr Individuelles, es kann sein, dass man es nur für
sich genießt. In meinem Fall hoffe ich, dass ich mit diesem Medium
der Poesie eure Herzen erreichen konnte und der Funke dessen, was
ich ausdrücken wollte, „übergesprungen" ist.
Jene Gedichte sind eine Mischung und ein Resultat daraus, dass ich
versuche, offen und aufmerksam durch die Welt zu gehen, Eindrücke
zu sammeln, zu filtern und aufzunehmen.
Im Anschluss halte ich inne, reflektiere und setzte Worte und
innere oder äußere Bilder zueinander in Beziehung. Ab und zu
sind es auch Prozesse und Eindrücke, die von innen kommen, wo
es keine äußerlichen Reize gibt. Abschließend analysiere ich, stelle
Zusammenhänge und Querverbindungen her. Meistens passiert
dies aber automatisch im Schreibvorgang. Es geht oft nur darum,
„den Sprung ins kalte Wasser zu wagen" und sich einzulassen auf die
eigene Fantasie.
Kreativ und schöpferisch zu sein, heißt für mich, mich selbst
kennenzulernen, zu erforschen.
Und oftmals ebenso, diese Gefühlsdimension und dieses
Gedankenspektrum außerdem für andere sichtbar, greifbar und
zugänglich zu machen.
Ob in direkten Botschaften oder in indirekten und verschlüsselten, es
kann ein sehr subtiler Weg sein, Anliegen wie Kritik, Liebe, Träume
und Emotionen in allen Farben zu transportieren.

Manchmal kann es überdies ein mehr oder weniger sanfter Anstoß zum Nachdenken, zur Aufrüttelung sein.

Ich hoffe, es ist mir mit diesem Buch gelungen, die Buntheit und Vielfalt meiner Stimmungen, Gefühle und Meinungen spürbar werden zu lassen. Dies kann auch Lust darauf machen, sich auf sich selbst und die eigene Kreativität einzulassen, fremde Welten zu entdecken, das Schöne in dieser Wirklichkeit zu erkennen.
Bei aller Groteske und Absurdität von Krieg und Corona bin ich sehr froh und dankbar, dass so viele Menschen Gutes tun und in Liebe, Frieden und Harmonie leben wollen.
Es gibt so viel Wunderbares auf dieser Welt, das mich inspirieren kann, auf das es gilt, den Fokus zu richten. Das ist ein so erbaulicher Hoffnungsstrahl in den Widersprüchen dieser Zeit!

Lasst die Welt auf euch wirken!!

Eure Barbara

ÜBER DIE AUTORIN

Barbara Koller wurde am 11. Juni 1982 in Linz geboren.
Im Jahr 2001 maturierte sie dort an einem Gymnasium.
Sie leidet seit ungefähr 20 Jahren an einer paranoiden Schizophrenie
mit Stimmenhören.
Um ihre Erfahrungen zu teilen, schreibt sie seit März 2021 einen Blog
für die Stimmenhören-Homepage des Vereins Exit-sozial in Linz-
Urfahr: **www.stimmenhoeren.at**
Darüber hinaus interessiert sie sich sehr für den künstlerischen
Selbstausdruck in der Aufarbeitung ihrer Geschichte.

... als Baby, im 1. Lebensjahr ...

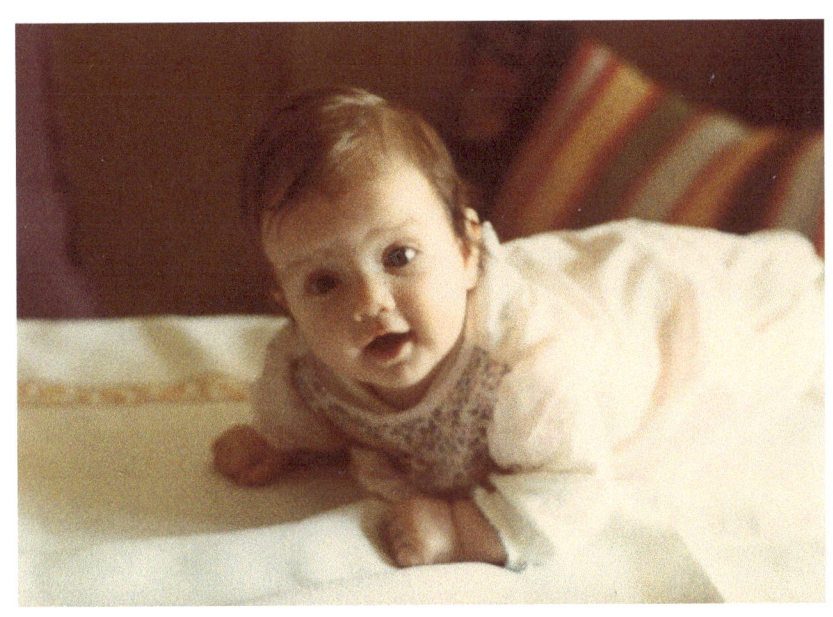

... bei der Erstkommunion ...

... als 12-Jährige ...

... im Maturajahrgang 2000 ...

... im Alter von 26 Jahren ...

... als 30-Jährige ...

... im Juni 2022, kurz vor dem 40. Geburtstag ...

... gut gelaunt und gespannt auf die zweite Lebenshälfte!

Fotos S 164, S 165: Reinhard Winkler